AF463695

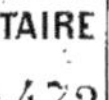

FORMULAIRE

POUR

CONTRATS DE MARIAGE

PAR

M. DE MADRE

NOTAIRE A PARIS

CINQUIÈME ÉDITION
revue, augmentée et tenue au courant de la jurisprudence

PARIS

COSSE, MARCHAL ET BILLARD
Libraires de la Cour de cassation
27, PLACE DAUPHINE, 27

A. DURAND ET PEDONE-LAURIEL
Libraires
9, RUE CUJAS, 9

1873

FORMULAIRE

POUR

CONTRATS DE MARIAGE

EN VENTE, DU MÊME AUTEUR, CHEZ LES MÊMES LIBRAIRES :

Formulaire pour inventaires.

Commentaire de la loi du 11 juin 1851 sur les ventes publiques et volontaires des fruits et récoltes.

PARIS. — TYPOGRAPHIE A. POUGIN, 13, QUAI VOLTAIRE. — [illegible]

FORMULAIRE

POUR

CONTRATS DE MARIAGE

PAR

M. DE MADRE

NOTAIRE A PARIS

CINQUIÈME ÉDITION

revue, augmentée et tenue au courant de la jurisprudence

PARIS

COSSE, MARCHAL ET BILLARD
Libraires de la Cour de cassation
27, PLACE DAUPHINE, 27

A. DURAND ET PEDONE-LAURIEL
Libraires
9, RUE CUJAS, 9

1875

INTRODUCTION

La loi ne régit l'association conjugale quant aux biens qu'à défaut de conventions spéciales que les époux peuvent faire comme ils le jugent à propos, pourvu qu'elles ne soient pas contraires aux bonnes mœurs et aux articles 1388 et suivants du Code civil.

Les époux peuvent déclarer d'une manière générale qu'ils entendent se marier sous le régime de la communauté ou sous le régime dotal. Au premier cas et sous le régime de la communauté, les droits des époux et de leurs héritiers sont réglés par les dispositions du chapitre 2 du titre v du livre III du Code civil. — Au deuxième cas et sous le régime dotal, leurs droits sont réglés par les dispositions du chapitre 3 du même titre.

A défaut de stipulations spéciales qui dérogent au régime de la communauté légale, les règles établies dans la première partie dudit chapitre 2 forment le droit commun de la France.

Toutes conventions matrimoniales doivent être rédigées avant le mariage par acte devant notaire.

Telles sont les dispositions des articles 1387, 1391, 1393 et 1394 du Code civil qu'il nous a paru nécessaire de reproduire en tête de ce formulaire.

De tous les actes de la vie civile, le contrat de mariage est celui qui influe de la manière la plus considérable sur la constitution de la famille et souvent sur son harmonie intérieure, sur la conservation de la fortune et du rang social. — Une liberté aussi étendue dans le choix des conventions matrimoniales serait donc périlleuse pour les parties mêmes appelées à en profiter, si celles-ci n'étaient forcément amenées à prendre conseil d'un homme d'expérience dans ce moment de grave délibération, et obligées, d'après la loi, de lui abandonner le soin de formuler ces conventions.

Aussi nous disions, en publiant la première édition de ce travail, qu'il fallait s'attacher avec sollicitude à bien comprendre et au besoin à bien diriger les vues des parties; — qu'une fois leurs intentions bien éclairées et bien arrêtées, on devait se garder d'en inventer légèrement l'expression; qu'il fallait au contraire, autant que possible, en ramener les termes aux formules que l'expérience avait dictées et dont la jurisprudence avait souvent fixé la portée.

Massé, dans son *Parfait notaire*, publié en 1813, s'exprimait ainsi :

« La multiplicité des coutumes diverses qui régissaient le terri-« toire de l'ancienne France, et qui en faisaient comme un nombre « infini de petits États qui avaient tous leurs mœurs, leurs lois et « leurs usages particuliers... avait introduit et maintenu dans une « partie de la France une foule infinie de formules pour la même « nature de contrats, aussi disparates par le style que par le fond des « idées... On a tenté à plusieurs époques de remédier à cet inconvé-« nient; il fut même rendu un édit qui ordonnait à tous les notaires « de faire les contrats de mariage dans la forme adoptée par les « notaires de Paris; mais le défaut d'uniformité dans la législation « civile s'opposa toujours à l'exécution de cet édit, et il tomba en « désuétude...

« L'uniformité est aussi désirable en matière de formules d'actes

« qu'elle l'était en matière de législation civile avant le nouveau « code. C'est par elle que la marche des notaires deviendra plus « ferme et plus assurée, c'est par elle que doit se tarir une des « sources les plus abondantes des procès, l'obscurité des conventions. « Mais, à moins d'une loi positive, on ne peut espérer d'arriver à « cette uniformité qu'autant que l'art de rédiger les formules aura « été beaucoup perfectionné ; car on n'a le droit de s'attendre à voir « universellement imité que ce qui mérite de l'être. »

Nous n'avons pas la prétention d'atteindre par nos propres forces à ce but élevé d'utilité publique; mais, après une longue pratique des affaires, durant laquelle nous avons constamment pris note avec soin de toutes les formules dignes d'attention qui passaient sous nos yeux, ou que nous avions à élaborer avec des confrères ou des jurisconsultes, il nous a paru que ce serait travailler à l'unité et à la clarté du langage, dans une matière où la rédaction peut offrir le plus de péril, que de publier notre scrupuleuse compilation.

La France n'est plus divisée en deux grandes parties ayant des habitudes profondément distinctes et imposant aux praticiens, comme autrefois à nos législateurs, un pacte particulier. Le régime de la communauté a fait de larges conquêtes dans les pays de droit écrit, et ce n'est plus aujourd'hui dans le ressort de Bordeaux seulement que les partisans du régime dotal adoptent une société d'acquêts. D'un autre côté, les avantages du régime dotal modifié par cette société d'acquêts trouvent de nombreux partisans dans les pays de droit coutumier. Nous n'avons jamais vu des époux faire un contrat de mariage pour adopter le régime de la communauté légale sans modification. Nous avons vu rarement adopter par contrat le régime dotal pur et simple. En effet, le régime de la *communauté légale* est, comme le disait au Tribunat M. Duveyrier, au nom de la section de législation, dans la séance du 19 pluviôse an XII, le régime des mariages pauvres qui n'ont aucune fortune à constater dans le présent, aucun patrimoine de famille à recueillir, et qui fondent leurs espérances sur le produit de leur travail commun. Le régime dotal, d'un autre côté, en assurant à la femme la conservation de sa dot au prix de son éloignement à tout partage de bénéfices, et en immobilisant les fortunes, est devenu profondément antipathique, dans la majeure partie de la France, aux populations qui sont avides de profit, de bien-être matériel, et de mouvement de fortunes.

Sans oser nous permettre de poser des bases sur le choix du régime conventionnel auquel les époux doivent s'arrêter, suivant les conditions de chacun d'eux, il ne paraît pas hors de propos de soumettre ici quelques réflexions qui peuvent conduire à adopter tel ou tel régime. Trop de personnes d'ailleurs jugent et décident en cette matière sur des idées préconçues, attachées au simple titre de tel ou tel régime.

Il n'est pas douteux que le régime de la communauté conventionnelle tel que les mœurs l'ont fait, c'est-à-dire le régime de la communauté réduite aux acquêts, ne doive être le régime de l'immense majorité des époux. Il est le régime nécessaire de tous ceux qui s'unissent avec un faible capital ou avec un capital ne présentant point d'excédant sur les besoins des affaires dans lesquelles ils doivent en commun faire prospérer leurs deniers, féconder leur travail et grandir leur maison.

Mais il importe à la stabilité de l'État, autant qu'à la morale publique, que les classes de citoyens en possession d'une position sociale honorablement acquise ne soient point à tout moment bouleversées par les catastrophes de fortune où peut conduire, sous le régime de la communauté conventionnelle, l'imprudence ou l'inexpérience du chef de la famille. En remplacement de la classe privilégiée qui, dans l'ancienne société française, possédait à perpétuité par un simple droit de naissance à l'aide des substitutions et des majorats une grande situation transmissible de mâle en mâle, il est important de créer une classe de citoyens qui, pendant une génération au moins, ait des loisirs assurés dans une existence au-dessus du besoin, pour acquérir plus facilement une vaste instruction, et pour donner gratuitement un dévouement utile dans les affaires d'intérêt public. Pour cela, il faut prendre un point d'appui viager dans les priviléges qu'il est possible, suivant nos lois, de constituer au profit des femmes. Le régime dotal peut être cette pierre fondamentale. En le modifiant de manière à permettre l'aliénation de tous biens dotaux à charge de remploi, il conserve la fortune de la femme sans créer des biens de mainmorte, sans retirer de la circulation des valeurs qui multiplient la richesse du pays par leur mouvement. — En ne sauvegardant que la fortune de la femme dans le ménage, il laisse la fortune du mari exposée à bon droit aux rigueurs des créanciers produits par l'imprudence ou la mauvaise gestion du chef de famille, sans protéger, *per fas et nefas*, contre leur propres dilapidations, ceux à qui l'ancien droit permettait de repousser impunément tous créanciers. — En garantissant la mère de famille contre l'administration inexpérimentée ou coupable de son mari, il évite que les conséquences d'un mal atteignent ou surprennent celle qui en est innocente, et il ne blesse point les sentiments du juste et de la morale. — En arrêtant la famille compromise par l'administration de son chef sur la pente d'une ruine complète, et en bornant la durée de cette protection à la durée du mariage, c'est-à-dire à la vie du père ou de la mère de famille, il force de jeunes générations à réfléchir sur la nécessité de conquérir par le travail et de conserver par l'honorabilité un crédit d'estime publique et de sympathie qui relève toujours, quand il profite à ceux qui ne sont point encore descendus complétement de l'échelle sociale ou de la fortune.

Sous le régime de la communauté, quelles qu'en soient les modifications, la seule voie ouverte en cas de mauvaise gestion du mari pour protéger la fortune de la femme est la voie judiciaire d'une séparation de biens. Cette mesure extrême, qui n'atteint jamais entièrement son but, parce qu'elle arrive tardivement après avoir été arrêtée dans ses jours d'opportunité par des répugnances légitimes inhérentes à l'éclat de sa publicité, déplace l'autorité dans la famille crée à la femme une indépendance complète dans la disponibilité de ses revenus, et lui permet de dissiper à son tour sa fortune mobilière. — Le régime dotal, par ses mesures protectrices, rend inutile le recours à une séparation de biens, et quand bien même, par une conséquence de l'une des modifications qu'il est permis d'apporter à ce régime, ou par le résultat de la composition de la fortune de la femme, une partie de cette fortune serait soumise aux périls de l'administration du mari, le danger ainsi limité ne rendrait pas absolument nécessaire de recourir à la séparation de biens.

Le régime dotal aide donc puissamment à maintenir la position sociale de la famille, y assure des moyens d'existence, et sauve jusqu'à un certain point la fortune par la femme, sans être obligé de créer à celle-ci l'indépendance.

Ce régime devrait être demandé par les deux familles qui s'unissent au nom du jeune ménage qu'elles fondent, aux points de vue les plus élevés d'existence et de bonheur. La famille du mari particulièrement, qu'on trouve trop souvent hostile à ce régime parce qu'elle croit y reconnaître une preuve de méfiance, qui n'est point sincèrement admissible au moment où se donnent et s'échangent les témoignages les plus sérieux de confiance et d'estime, devrait, en l'absence de lois qui sauvegardent la fortune du mari, être heureuse de se saisir des moyens honorables et sûrs de sauvegarder la fortune de la femme.

Le droit romain, ainsi que l'atteste un vieil adage du jurisconsulte Paul, *Reipublicæ interest dotes mulierum salvas esse*, attachait une grande importance à protéger le patrimoine de la femme. La Grèce avait aussi entouré la dot de mesures conservatrices, et cependant nous sommes loin, sous ces deux législations, de la position faite par le christianisme à la femme dans la famille. Le mari n'achète plus sa femme, ou, dans un tout autre ordre d'idées créé par l'émancipation de la femme aux temps de la civilisation païenne, il ne lui vend pas un peu de liberté au prix d'une dot. La femme française s'appartient aujourd'hui, elle se donne librement en mariage sans être livrée par sa famille ; elle ne peut recevoir de son époux mourant l'ordre testamentaire de se donner à un autre époux, ainsi qu'il advint à la mère de Démosthènes ; son mari ne peut plus la mettre à mort pour des motifs raisonnables, comme l'y autorisait sur le sol même de la France un capitulaire de Louis le Débonnaire ; elle n'est plus exposée, comme la femme romaine qui s'était mariée sans confarréation ni coemption, à être actionnée durant le mariage par son mari pour le dommage qu'elle pourrait avoir apporté par sa faute dans les objets de toilette et de luxe qu'il lui aurait prêtés, ou à être forcée par son père, resté légalement son tuteur, à divorcer d'avec un mari qu'elle aime, ou enfin à tomber sous la tutelle légale de ses fils âgés de plus de vingt ans. La femme française est, après le décès de son mari, tutrice de ses enfants ; elle est, du vivant de son mari, une compagne affectueuse qui partage sa vie, ses douleurs et ses joies, et, de même qu'entre deux associés la disparité des apports n'altère en rien l'estime due à chacun d'eux, aucun homme dans notre société actuelle n'est humilié, s'il est pourvu d'honorabilité et de capacité, de venir sans argent solliciter la main d'une riche héritière ; et personne ne pensera avec Lycurgue et Platon que cette femme deviendra insolente et que son mari sera rampant et esclave devant elle à cause de la dot qu'elle aura apportée.

Enfin, dirons-nous, sous le régime de la communauté conventionnelle, la femme conserve la liberté d'engager par sa signature ses biens présents et à venir, de sorte que, quelles que soient les prescriptions de remploi imposées dans le contrat de mariage, son avenir peut être compromis. Au contraire, le régime dotal empêche la femme de signer utilement aucune espèce d'engagement, et il la délivre ainsi des sollicitations d'un mari embarrassé, auxquelles la femme ne peut se soustraire le plus souvent sous le régime de la communauté qu'en sacrifiant la paix et la bonne harmonie dans l'intérieur. La simple condition d'emploi ou de remploi ne suffit pas, d'après la jurisprudence, pour changer la nature du régime de la communauté réduite aux acquêts et pour rendre les propres de la femme inaliénables et insaisissables. Il faut que le contrat contienne clairement une soumission, qui peut du reste être partielle, aux conditions constitutives de cette inaliénabilité et de cette insaisissabilité.

Nous avons supposé que le régime dotal, même avec les modifications ci-dessus exprimées, ne serait adopté que par des époux ayant une position de fortune acquise. — Dans ce cas, il importe peu que le mari soit gêné, dans des spéculations non nécessaires, par l'impossibilité d'engager la signature de sa femme. La morale publique, le bonheur des familles et le repos de l'État n'ont rien à gagner à ce que le désir insatiable d'avoir ou l'avidité des aventures soient sans frein, et à ce que des catastrophes de jeu scandalisent l'honnêteté publique et plongent inopinément une famille dans la ruine. — Le besoin d'émotion et d'ambition égare un grand nombre d'esprits inquiets dans les séduisants appâts de la Bourse, et nous assistons à des exécutions qui, en bouleversant les existences dans les familles, en détruisant l'harmonie des liens sociaux, grandissent par des voies aventureuses presque aux premiers rangs de la fortune et pour ainsi dire de la considération publique, des personnes en bon nombre qui découragent les esprits honnêtes, troublent les idées sur les nécessités morales aussi bien que sur le choix fécond du travail, et préparent à l'État des dangers plus sérieux et plus intimes que ceux qui se sont produits sur la place publique, — Effectivement, le caractère d'un homme ruiné par des spéculations éprouve de telles atteintes, que cet homme devient presque toujours un mauvais citoyen. Au contraire, c'est créer dans la famille, et par suite dans la société, des éléments de stabilité, de satisfactions honnêtes et de durée, que de substituer à la fièvre brûlante d'acquérir de l'or quand même, ou de réparer sa ruine, une calme émulation du travail dans une aisance assurée, un besoin d'honneur et d'étude dans la conservation de son rang, qu'aucun citoyen ne peut soutenir sans effort ni valeur personnelle.

Il semble donc que le mieux à faire soit d'emprunter aux deux régimes leurs avantages et de répudier leurs inconvénients en mêlant ces régimes, comme la Providence a mêlé dans notre France favorisée les pays de droit écrit et les pays de droit coutumier. Ce but paraît atteint d'une manière complète dans la formule de régime dotal avec société d'acquêts que nous indiquons dans ce recueil.

Ainsi seront écartés les motifs de répulsion qu'à bon droit l'on trouvait contre le régime dotal non modifié, et l'on aura donné satisfaction aux reproches qu'un des plus éminents jurisconsultes de notre époque indiquait ainsi et discutait longuement avec une grande pénétration (Troplong, préface de son *Traité du contrat de mariage*) :

« Si le régime dotal est conservateur, il est stationnaire... — Il « préserve la femme de toute perte, mais il ne l'associe à aucun « progrès... — Il ne sait pas tirer parti de la diligence laborieuse « de la mère de famille... — Il ôte à la femme toute émulation « en attribuant au mari seul tous les bénéfices des soins actifs de la « femme... Au point de vue économique, il soustrait des biens au « mouvement de circulation qui donne une si prodigieuse valeur. »

On reprochait aussi au régime dotal d'être immoral à cause des fraudes qu'il occasionnait et du préjudice qu'il causait souvent aux tiers de bonne foi; mais la loi du 10 juillet 1850, en obligeant les parties à faire constater dans l'acte même de la célébration civile du mariage si elles ont ou si elles n'ont point fait de contrat, et dans le premier cas à indiquer le nom et la résidence du notaire détenteur de ce contrat, dont la date doit être exprimée, a rendu impossibles pour tous nouveaux mariés et pour les tiers traitant avec eux ces conséquences regrettables.

Après avoir parlé des modifications principales qui sont ordinairement apportées aux deux grands régimes de la communauté légale et du régime dotal, nous dirons quelques mots de deux régimes qui ne peuvent être considérés comme de simples modifications du régime de la communauté légale, puisqu'ils sont complétement exclusifs de la communauté, c'est-à-dire de la séparation de biens et du régime de non-communauté.

Le régime de non-communauté est à peine connu dans la pratique ; il prive injustement la femme de toute participation aux bénéfices que le mari peut obtenir dans la gestion des deux fortunes réunies, et il ne lui donne en compensation aucune garantie particulière, car il laisse la fortune de la femme exposée, comme sous le régime de la communauté, à toutes les chances de l'administration du mari.

Le régime de la séparation de biens, qui était le droit commun dans tous les pays de droit écrit comme chez les Romains (Troplong, *Contrat de mariage*, page 53, tome I), mais que personne ne regrette de voir remplacé en France sous l'empire du Code par le régime de la communauté légale, est encore de nos jours appliqué quelquefois, bien qu'il ne réponde pas dans l'intérieur de la famille à la communauté d'existence que créent les liens du mariage, et qu'il désunisse les intérêts là où la religion et la loi unissent les époux.— Il peut être commandé par des intérêts très-sérieux. — Ce régime, en effet, est d'une nécessité absolue si le futur époux est exposé à des poursuites de la part de créanciers, parce qu il laisse la femme en possession effective de sa fortune mobilière, et qu'il la garantit ainsi contre les conséquences de ces poursuites. — Lorsqu'une femme ayant des enfants d'un premier mariage ne veut point abandonner l'administration de la fortune de ces enfants, elle peut, dans une sage sollicitude, adopter le régime de la séparation de biens, qui lui donne mieux qu'aucun autre la possibilité de continuer à protéger les intérêts de ces enfants. Nous estimons cependant, ainsi que le prouve la formule n° 16, que, même sous le regime de la communauté, la femme peut se réserver l'administration de la fortune et de la personne des enfants mineurs nés d'un précédent mariage.

La séparation contractuelle de biens, en obligeant à faire état détaillé des objets mobiliers appartenant en propre à chaque époux, et à prouver durant le mariage, par facture ou par signes visibles, la propriété de tous nouveaux objets mobiliers, produit un résultat blessant pour les époux aux yeux mêmes des amis de la maison. Afin d'obvier à ce grave inconvénient, il est possible, dans le cas où ce régime n'a pas pour but de protéger le mobilier de la femme contre les créanciers du mari, de stipuler une société de tous objets mobiliers proprement dits, autres que créances, rentes et valeurs de cette nature. (Voir formule n° 56.)

Enfin, ce régime de la séparation de biens, s'il n'est modifié dans les termes qui vont être indiqués, crée à la femme, pour la disposition de ses revenus et pour l'aliénation ou l'emploi de sa fortune mobilière, une indépendance qui peut dépasser ce que désirent les parties et ce que conseille la prudence. En effet, la femme affranchie de tout contrôle du mari sur cette portion de sa fortune peut, par inexpérience, en compromettre la conservation. Elle peut n'être pas plus clairvoyante que ne le serait son mari, et il est sage de prendre contre elle, dans l'intérêt commun des époux, une partie des garanties que, sous ce régime, la femme semble prendre contre son mari. On réaliserait cette pensée et l'on constituerait une réserve à l'abri de tout sinistre en dotalisant une partie des biens de la future avec interdiction d'aliéner à moins de remploi. En outre, si ces biens dotalisés étaient assez importants pour représenter en revenus la part contributive de la future dans les charges annuelles du mariage, on obtiendrait ainsi l'avantage de diminuer les comptes entre époux, car le mari a le droit d'après la loi d'encaisser les revenus des biens dotaux, et conséquemment on aiderait à la bonne harmonie dans le ménage.

Quelles que soient les modifications que les parties veulent apporter au régime de la communauté légale ou aux autres régimes que le Code pose en exemples, il est nécessaire d'être en garde contre toute invention nouvelle, et il nous paraît nécessaire d'appeler prudemment l'attention sur quelques principes généraux qui sont incontestables et qui peuvent aider, soit à préserver contre toute innovation, soit à guider dans l'adoption de certaines modifications.

Une première règle qui domine toutes modifications, c'est que les lois qui régissent la personne, abstraction faite des biens, sont toujours des lois d'ordre public, d'organisation sociale auxquelles il n'est pas permis de déroger. (Dalloz, *Répertoire*, au mot CONTRAT DE MARIAGE, n° 91.)

Chaque régime d'association a, dans le Code, des règles qui lui sont propres, mais il n'en résulte pas qu'il soit défendu aux époux, adoptant un régime, d'emprunter des règles à un régime différent et de combiner ainsi un système mixte d'association. Il suffit que ces dispositions dans leur ensemble n'aient rien d'incompatible. (Dalloz, n° 134, *loc. cit.*)

Dans les divers régimes prévus par la loi, l'administration n'est jamais confiée qu'au mari seul ou à la femme seule, selon la distinction des biens. Toute clause qui imposerait une administration à exercer par les deux époux conjointement ou un consentement à demander par le mari à la femme serait nulle. (Dalloz, n° 102, *loc. cit.*)

Sous tous les régimes, la femme peut se réserver l'administration totale ou partielle de ses biens. (Dalloz, n° 102, *loc. cit.*)

La femme peut, en se réservant cette administration, mettre en société tout ou partie des fruits de ces biens et constituer ainsi une communauté plus restreinte que la société d'acquêts. (Dalloz, n° 108, *loc. cit.*)

Le contrat de mariage ne peut limiter la capacité du mari : ce serait lui infliger une honteuse diminution d'état que de l'astreindre à l'obligation de ne pouvoir aliéner ses biens, soit d'une manière absolue, soit avec l'autorisation de justice. (Troplong, t. I, p. 75.)

On ne tolérerait pas une clause qui rendrait la femme chef de la communauté et qui par là lui donnerait autorité sur le mari. Il est de l'essence de la communauté d'avoir le mari pour chef. Il ne saurait en être dans la société conjugale comme dans une société ordinaire. (Troplong, t. I, p. 75 et 76.)

Le régime dotal, et généralement tout régime conventionnel, ne peut résulter que d'une stipulation expresse, et, en cas de clause insuffisante, l'interprétation ramène au droit commun, c'est-à-dire au régime de la communauté légale.

A côté de l'irrévocabilité des stipulations du contrat de mariage, il peut être utile de mentionner que : durant le mariage, l'un ou l'autre époux peut recevoir des donations et legs à la condition que les objets donnés ne tomberont pas dans la communauté, ou que la femme touchera le capital et les intérêts sur sa simple quittance pour en faire ce que bon lui semblera sans le concours de son mari ; ce qui peut dans certains cas fournir aux pères et mères, agissant sur la quotité disponible, le moyen d'atténuer certaines conséquences du contrat de mariage de leurs enfants.

Nous ne pouvions envisager le contrat de mariage seulement dans le régime adopté par les époux, car les apports et dots des époux et les donations qu'ils se font respectivement en vue du mariage font partie essentielle du contrat : « on y mêle, dit Troplong, des donations, des conventions de communauté ou de société, des pactes aléatoires, des contrats de bienfaisance et des contrats intéressés. Il est dans son ensemble la charte du foyer domestique. » Nous avons donc réuni également les formules qui s'appliquent à la rédaction des apports et dots des époux et celles qui s'appliquent aux donations faites entre les futurs époux. — Nous ne saurions trop encourager à faire bien comprendre aux futurs époux que les donations insérées dans le contrat de mariage sont irrévocables, à la différence des donations qu'ils peuvent se faire durant le mariage et qui sont essentiellement révocables. Les considérations les plus graves, comme les sentiments de la plus simple prudence, obligent à mettre de la mesure dans les libéralités qui enchaînent pendant toute la vie et au delà du tombeau. Il n'est point d'union qui ne soit contractée sous des espérances de bonheur, et, si chacun n'écoutait à ce moment que ses sentiments, tous les époux s'abandonneraient mutuellement leur fortune comme ils s'abandonnent leur personne ; mais l'expérience atteste de trop nombreuses déceptions pour que le conseil des époux ne considère comme un devoir de les mettre en garde et de les retenir. — Au jugement de Coquille (quest. 17 et 149), « ces donations ne sont bonnes que lorsqu'on y garde la mo« dération, le réserve, la dignité qui appartiennent à des personnes « pénétrées du grand acte qu'elles préparent. » — Nous ne dirons pas que l'espoir d'obtenir et de conserver une donation puisse avoir sur certaines natures perverses une influence utile dans le bonheur domestique ; nous aimons mieux arrêter l'attention sur le devoir, pour le père ou la mère de famille, de conserver au regard de ses enfants la liberté d'user d'une portion de la quotité disponible pour accomplir au besoin une bonne justice distributive, et sur la nécessité pour tous d'avoir la liberté de reconnaître et récompenser des services par acte testamentaire. — Or, les époux qui ont épuisé la quotité disponible dans leurs libéralités contractuelles ont perdu toute liberté de donner et ne peuvent même plus faire un simple legs de rente viagère. — Ce qui nous amène incidemment à faire ressortir les conséquences fâcheuses pour une femme de la mise en communauté des objets à son usage personnel, même avec convention de reprendre leur valeur estimative, car la femme ne pouvant disposer des objets de la communauté n'a le droit de léguer aucun de ces objets, même à titre de simple souvenir d'amitié ; et rien n'empêche de parer à cet inconvénient par la réserve comme bien propre de tous objets mobiliers à l'usage personnel de chaque époux. (V. formule n° 12.)

Il nous paraît encore opportun de dire un mot, dans cette introduction aux formules de contrat de mariage, sur la nécessité de faire éclairer respectivement les époux sur la consistance et la valeur des apports en mariage de chacun d'eux. Il entre trop dans la nature de chaque propriétaire d'exagérer de bonne foi la valeur de ce qu'il possède, pour qu'il ne soit pas sage et convenable d'échanger entre futurs époux des notes et justifications sur ce point. — En certains pays, et peut-être par une tradition qui rattache cet usage aux dons *ante nuptias*, il arrive fréquemment que le futur reconnaisse à la future une fortune supérieure à celle qu'elle apporte. — On ne saurait trop prémunir contre cette disposition qui produit de graves résultats dont les parties n'ont jamais le pressentiment. Le futur ne songe pas que, si sa femme prédécède sans enfant, il aura à compter avec les père et mère de celle-ci d'une somme dont il n'a cependant entendu se dessaisir qu'au profit de sa femme, et que, si elle laisse des enfants, il aura à remettre de son vivant à ceux-ci comme héritiers de leur mère une portion de son propre patrimoine. Il échappe également au futur de voir, lorsque cet avantage prend la forme d'une augmentation de dot à la future par ses père et mère, que la future aura à rapporter cette augmentation de dot aux successions des donateurs apparents, et qu'en définitive le profit de cet avantage sera recueilli, non par la future, mais par les frères et sœurs de celle-ci. — Cet exemple prouve, avec mille autres, combien il importe de forcer les contractants à rester dans la vérité des faits, et combien les conséquences pratiques d'une convention dissimulée sont souvent contraires aux résultats souhaités par les parties.

Nous n'étendrons pas davantage nos observations. Ce serait donner trop de développement à une simple introduction pour un modeste recueil. — L'accueil que nos confrères ont bien voulu faire aux premières éditions de ce Formulaire, qui se trouvent épuisées, nous faisait un devoir de le réimprimer; nous bornerons là notre tâche, après toutefois nous être efforcé de répondre à la bienveillance dont nous avons été honoré, en ne négligeant aucun moyen de compléter cette nouvelle édition.

TABLE DES MATIÈRES

NOTA. — Certaines conventions pouvant être stipulées sous tous les régimes, il ne faut pas s'attacher d'une manière absolue à la place qu'occupent les articles à la suite de tel ou tel régime.

PREMIÈRE PARTIE

CONVENTIONS DE MARIAGE

NUMÉROS des Formules

Toutefois :

Vente à la communauté pour prix d'estimation d'une partie des apports et dots. — Conséquence à indiquer pour les titres nominatifs 4

Mise aux risques du futur des entreprises en cours d'exécution. 5

Mise aux risques de la communauté des affaires commerciales entre le contrat et le mariage. 6

Estimation sans vente pour reprise éventuelle en deniers de la valeur d'objets réservés en nature mais venant à manquer lors de la dissolution de la communauté 7

Réserve au profit des père et mère donateurs de certains des objets à l'usage de la future. 8

Sur la réserve d'un office ministériel et des recouvrements. 9

(Pour une charge d'agent de change, voir formule n° 123).

Autre en indemnisant la communauté pour les recouvrements. 10

Autre qui s'étend à la bibliothèque et au mobilier d'étude. 11

Reprises en nature d'objets mobiliers à l'usage personnel. 12

Pouvoir à la future de disposer des objets mobiliers à son usage corporel. 13

Pouvoir à la future de toucher portion de ses revenus. 14

Droit réservé à la future de recevoir tous ses revenus. 15

Administration réservée à la future sur partie de ses biens, sur la fortune et sur la personne d'une enfant née d'un précédent mariage. 16

Remploi volontaire 17

Autre avec restriction exigeant le concours de la femme. 18

Autre obligatoire à défaut du concours de la femme. 19

Autre obligatoire dans tous les cas. 20

Dotalité partielle sous le régime de la communauté, 68 et 70 à 76

Préciput soit en mobilier soit en argent 21

— en mobilier seulement. 22

— en mobilier d'abord. 23

— de la totalité du mobilier des maisons de ville et de campagne. 24

Convention sur le mobilier 25

Sur le fonds de commerce exploité au prédécès 26

Sur la situation commerciale lors du prédécès. 27

Sur les droits de la future et sur ceux de ses héritiers en cas d'association. 28

NUMÉROS des Formules

Toutes les donations qui portent sur les bénéfices de la communauté peuvent être remplacées par une attribution de ces bénéfices, en ayant soin de faire concorder la portée de cette attribution avec les réductions prévues par la loi en cas d'existence d'enfants ou de père et mère, et en admettant qu'il soit dans l'intention des parties de n'employer cette forme d'attribution que pour épargner des droits de mutation sans entendre éviter l'application sur ce point des réserves légales.

DEUXIÈME PARTIE

APPORTS DES ÉPOUX

TROISIÈME PARTIE

CONSTITUTIONS DE DOT

QUATRIÈME PARTIE

DONATION ENTRE ÉPOUX

NUMÉROS des formules

CINQUIÈME PARTIE

SIXIÈME PARTIE

FORMULAIRE

POUR

CONTRATS DE MARIAGE

CADRE POUR LA COMPARUTION DES PARTIES

PAR-DEVANT Mᵉ et Mᵉ , son collègue, notaires à soussignés,

ONT COMPARU :

M. (*indiquer les prénoms, nom, qualités et demeure du futur époux*) majeur, étant né à le du mariage de M. et Mᵐᵉ , ci-après nommés ;
Stipulant en son nom personnel ; D'UNE PART.

M. (*prénoms, noms, qualités et demeure des père et mère du futur époux*) Stipulant à cause de la dot qu'ils vont constituer ci-après au futur époux ;

D'AUTRE PART.

Mlle (*prénoms, nom, qualités et demeure de la future épouse*)
mineure, étant née à le du mariage de
M. ci-après nommé et de dame (*prénoms et nom de la mère de la future épouse*), aujourd'hui décédée.
Stipulant en son nom personnel sous l'autorisation de M. son père ;

D'AUTRE PART.

Et M. (*prénoms, nom, qualités et demeure du père de la future*)
Stipulant tant pour assister et autoriser la future épouse, sa fille, qu'à raison de la dot qu'il va lui constituer ci-après.

Encore D'AUTRE PART.

Lesquels, dans la vue du mariage de M. et de Mlle dont la célébration doit avoir lieu prochainement à la mairie de en ont arrêté les conditions civiles de la manière suivante :

(*Viennent en cet endroit les conditions du mariage article par article, et l'on termine ainsi le contrat :*)

Telles sont les conventions des parties, auxquelles les comparants ajoutent, pour servir de base à la perception des droits lors de l'enregistrement du présent contrat, les déclarations suivantes :

1° M. (le donateur), en ce qui concerne le revenu annuel brut des immeubles compris dans la donation faite au futur époux :

Que ce revenu brut est de

2° M. (le futur époux), en ce qui concerne la valeur des biens compris dans son apport en mariage :

Que

3° Mlle (la future épouse), en ce qui concerne la valeur des biens compris dans son apport en mariage :

Que

DONT ACTE

Fait et passé à

L'an le

En présence des parents et amis ci-après nommés, savoir :

Du côté du futur.

. . . .

Du côté de la future.

. . . .

(*On indique d'abord les parents en suivant l'ordre de proximité; puis les amis.*)

(*Ou si l'on ne veut pas indiquer les noms des parents et amis, on dit*) : En présence des parents et amis soussignés.

Avant de clore, et conformément à la loi, M[e] , l'un des notaires soussignés, a donné lecture aux parties des articles 1391 et 1394 du Code civil, et leur a délivré le certificat prescrit par ce dernier article pour être remis à l'officier de l'état civil avant la célébration du mariage.

Après lecture faite, les parties, ainsi que leurs parents et amis, ont signé avec les notaires.

Si le futur époux est mineur, on le fait agir sous l'autorisation de ses père et mère, ou du survivant d'eux, ainsi qu'il vient d'être indiqué pour la future épouse.

Si la future épouse est majeure, on la fait agir en son nom personnel sans l'autorisation de ses père et mère, ainsi qu'il vient d'être indiqué pour le futur époux.

Si l'un ou l'autre des époux est veuf avec enfant, on a soin de l'indiquer après l'énonciation de ses prénoms, nom, qualités et demeure; ce qui se fait ainsi en deux mots, sans reporter à la ligne — VEUVE AVEC ENFANT DE M. (*prénoms et nom du premier époux décédé*).

Si un tiers constitue une dot à l'un ou à l'autre des futurs époux, on indique sa comparution dans les termes indiqués ci-dessus pour les père et mère du futur époux après la comparution de l'époux donataire et de ses père et mère.

Si les père et mère de l'un ou de l'autre des époux ne font aucune constitution de dot, et si leur comparution n'est pas nécessaire pour autoriser leur enfant mineur, on ne doit pas les faire comparaître comme parties, leur présence doit être constatée seulement avec celle des parents et amis qui signent le contrat AD HONOREM.

Si l'un ou l'autre des époux, mineur, ne peut être assisté de ses père et mère, ou du survivant d'eux, il doit être assisté de l'un ou de l'autre de ses aïeuls dans l'ordre indiqué par les articles qui vont être cités, et à défaut d'aïeuls il doit être assisté de son tuteur, en vertu d'une délibération de son Conseil de famille qui a dû fixer d'avance les conditions du mariage. (*Le tout conformément aux articles* 149, 150, 160 *et* 1398 *du Code civil.*)

S'il s'agit du mariage de l'enfant mineur d'un interdit ou de l'enfant majeur d'un interdit qui doit être doté par ses père et mère, il y a lieu d'appliquer l'art. 511 *du Code civil, lequel prescrit que la dot et les autres conventions matrimoniales soient réglées par un avis du conseil de famille, homologué par le tribunal sur les conclusions du procureur de la République. Dans ce cas il faut éviter aux parties la peine d'entendre dès les premières lignes de la lecture du contrat parler de l'interdit et de son absence. A cette fin, on doit indiquer la comparution de la mère ou du père présent sans dire un seul mot de l'interdiction ou de l'absence et ajouter :*

Stipulant en son nom et au nom de monsieur son mari, en vertu des autorisations énoncées sous l'art. du présent contrat et ci-annexées, tant pour assister et autoriser la future épouse leur fille qu'à raison de la dot qu'ils vont lui constituer.

D'autre part.

Puis, sous l'article du contrat où est mentionnée la constitution de dot, on libelle spécialement ces autorisations de la manière suivante :

*M*me*... agissant en son nom personnel et en outre en vertu :*

1° *D'une délibération du conseil de famille du père du futur époux, tenu sous la présidence de M. le juge de paix de..., dans laquelle délibération le conseil a autorisé M*me*... à* (*Compléter cette énonciation*);

2° *D'un jugement rendu par le tribunal civil de... le..., et portant homologation, sur les conclusions du procureur de la République, de ladite délibération.*

(*Reproduire succinctement ici les termes de l'homologation.*)

Le concours de l'un des aïeuls peut être formulé de la manière suivante :

Mme (*prénoms, nom, qualités et demeure*)

Seule aïeule survivante de la future épouse, ayant le droit en cette qualité de l'assister et autoriser pour le règlement des conditions civiles de son mariage.

Stipulant à ce titre d'autre part.

La comparution du tuteur peut être indiquée dans les termes suivants après la comparution de l'époux mineur :

« M. (*prénoms, nom, qualités et demeure du tuteur*)
« , tuteur de Mlle , future épouse, nommé
« à cette qualité qu'il a acceptée par délibération du conseil de famille
« de ladite demoiselle, prise sous la présidence de M. le juge de paix
« de , le , est spécialement autorisé à assister
« ladite demoiselle au présent contrat, et à consentir aux conventions
« ci-après exprimées, suivant une autre délibération du même conseil
« de famille prise sous la présidence du même juge de paix le
« , dont une expédition est demeurée ci-annexée. »

ORDRE DANS LEQUEL SONT INSÉRÉES

LES

STIPULATIONS ORDINAIRES DANS LES CONTRATS DE MARIAGE

COMMUNAUTÉ

Jamais les époux n'adoptent, par contrat, le régime de la communauté légale sans modification; par suite, on ne s'inquiétera de ce régime qu'en le combinant avec les diverses modifications que stipulent ordinairement les parties.

I

COMMUNAUTÉ RÉDUITE AUX ACQUÊTS

Lorsque l'on stipule que la COMMUNAUTÉ SERA RÉDUITE AUX ACQUÊTS, *il peut s'élever la question de savoir : Si les époux doivent exercer la reprise du mobilier estimé dans le contrat, mais non détaillé dans un état ou inventaire (Article 1499 du Code civil.) Par suite, il est plus prudent de ne pas employer cette expression et d'arriver au but des parties par une autre voie, c'est-à-dire :* EN EXCLUANT LES DETTES ET EN RÉSERVANT LES PROPRES.

1° Adoption du régime de la communauté. — 2° Exclusion des dettes. — 3° Réserve des propres. — 4° *Ici se placent les conditions de do–*

talité partielle, de remploi obligatoire et toutes autres qui modifient profondément le régime adopté, afin d'éviter dans l'avenir que cette modification, confondue dans d'autres articles, n'échappe à l'attention et ne compromette soit les tiers, soit le notaire qui aura à en délivrer un extrait. — 5° Apport du futur époux. — 6° Constitution de dot au futur époux. — 7° Apport de la future. — 8° Constitution de dot à la future épouse. — 9° Réserve de droit de retour. — 10° Remploi libre. — 11° Préciput et convention sur le mobilier au profit du survivant. — 12° Mention du droit pour la femme de reprendre ses propres francs et quittes. — 13° Donation. — 14° Délai au profit du survivant.

II

COMMUNAUTÉ COMPRENANT UNE PARTIE DES MEUBLES OU IMMEUBLES DES ÉPOUX

1° Adoption du régime de la communauté. — 2° Exclusion des dettes. — 3° Mise en communauté de valeurs mobilières ou ameublissement avec réserve du surplus des biens propres.

Les apports, dots et autres conventions de mariage sont indiqués dans le même ordre que sous le régime de la communauté d'acquêts. Seulement, le titre n° 12 doit être remplacé par celui-ci :

Faculté réservée à la femme et à certains de ses héritiers de reprendre, en renonçant à la communauté, tout ou partie de sa mise en communauté franche et quitte.

III

COMMUNAUTÉ UNIVERSELLE OU A TITRE UNIVERSEL

1° Adoption du régime de la communauté. — 2° Mise en communauté et ameublissement. — 3° Attribution de la communauté.

Consulter, pour l'ordre des autres articles, les observations consignées ci-dessus pour le cas d'adoption de la communauté avec mise partielle.

EXCLUSION DE COMMUNAUTÉ

I

RÉGIME SANS COMMUNAUTÉ

1° Adoption du régime sans communauté. — 2° Apport du futur (1). — 3° Apport de la future (2). — 4° Garantie à la future des dettes contractées pour son mari. — 5° Pouvoir à la future de toucher portion de ses revenus. — 6° Emploi des propres de la femme. — 7° Donation.

II

SÉPARATION DE BIENS

1° Adoption du régime de la séparation de biens. *Ici se placent les conditions qui modifient profondément le régime adopté, par exemple la stipulation d'une dotalité partielle des biens de la future* (voir dans l'introduction, page XI). — 2° Contribution aux charges du mariage. — 3° Société de partie du mobilier. — 4° Présomption de propriété pour le surplus. — 5° Sur la responsabilité du futur époux. — 6° Sur les engagements contractés par la future. — 7° Donation entre époux. — 8° Apport du futur (1). — 9° Apport de la future (2).

On peut juger convenable de n'indiquer qu'une partie de la fortune de l'un ou de l'autre époux, par exemple les immeubles du mari, en vue de renseigner sur l'utilité de l'hypothèque légale, ou le mobilier meublant de la femme, en vue de l'application de l'une des formules indiquées pour le mobilier sous ce régime. — Dans l'un de ces cas, il est bon de terminer

---

(1) *L'énonciation de cet apport n'est pas nécessaire, mais elle peut être utile à titre de renseignement, notamment pour l'inscription de l'hypothèque légale de la femme et pour la poursuite éventuelle du payement de ses reprises.*

(2) *Lorsque les objets mobiliers apportés en mariage par la future épouse peuvent être facilement reconnus à cause de leur nature, on se contente de les comprendre dans une énonciation générale. Dans le cas contraire, on en doit faire un état estimatif que l'on annexe au contrat de mariage. (Voir ce qui est dit pour le mobilier dans les conditions de la séparation de biens.)*

le contrat par une explication qui portera pour titre : Mention d'ordre, *et qui sera ainsi conçue :* Il n'est pas parlé dans le présent contrat du surplus de la fortune de ni de la fortune de , attendu les stipulations portées ci-dessus, article 1er. *Toutefois, on ne peut éviter pour l'enregistrement la déclaration à faire en fin de contrat, en dehors des conventions de mariage.*

RÉGIME DOTAL

I

RÉGIME DOTAL SANS SOCIÉTÉ D'ACQUÊTS

1° Adoption du régime dotal. — 2° Biens dotaux, leur emploi et leur aliénabilité. — 3° Biens paraphernaux, ou pouvoir à la future de toucher sur sa simple quittance une portion de ses revenus. — 4° Apport du futur. — 5° Apport de la future. — 6° Convention sur le mobilier. — 7° Donation.

II

RÉGIME DOTAL AVEC SOCIÉTÉ D'ACQUÊTS

1° Adoption du régime dotal. — *Pour les numéros* 2 *et* 3, *voir le régime dotal sans société d'acquêts.* — 4° Stipulation d'une société d'acquêts. — 5° Apport du futur. — 6° Apport de la future. — 7° Préciput et convention sur le mobilier. — 8° Mention du droit pour la femme de reprendre, en renonçant à la communauté d'acquêts, ses biens propres francs et quittes. — 9° Donation.

OBSERVATION GÉNÉRALE

Indépendamment des stipulations ordinaires qui ont trouvé leur place dans les cadres qui précèdent, il en est diverses autres, d'un usage fréquent, mais qui sont amenées par la position particulière des époux, par les consti-

tutions de dot qui leur sont faites, ou par toute autre cause spéciale. Ainsi, il est ordinaire, dans un contrat de mariage de commerçant, de stipuler que le survivant aura la faculté de conserver le fonds de commerce exploité au décès du prémourant ; il arrive quelquefois que les constitutions de dot faites aux époux ne sont consenties que sous certaines réserves. Toutes ces stipulations seront autant que possible formulées dans les articles ci-après.

FORMULE DE LETTRE OU D'EXTRAIT DE PROJET DE CONTRAT

A ADRESSER AU MINISTRE DE LA GUERRE

POUR FOURNIR LES JUSTIFICATIONS SUR LESQUELLES TOUT MILITAIRE QUI DÉSIRE SE MARIER DOIT APPUYER SA DEMANDE EN AUTORISATION ADMINISTRATIVE

A Monsieur le ministre de la guerre,

Monsieur le Ministre,

En vue de l'autorisation qui va être sollicitée pour le mariage de M. (*prénoms, nom, qualité et demeure*) et de Mlle (*prénoms, nom, profession et demeure*), j'ai l'honneur de vous transmettre extrait littéral des articles du projet de contrat que j'ai rédigé sur les indications des parties pour être réalisé par acte notarié avant le mariage. Ces articles constatent la fortune de la future et sont ainsi conçus :

Art. — *Copier.*

Veuillez agréer, Monsieur le Ministre, les sentiments avec lesquels j'ai l'honneur d'être

Votre très-humble et très-obéissant serviteur.

Ou bien, sans que le notaire ait à adresser de lettre au Ministre de la guerre, on peut faire sur papier libre et signer, ainsi qu'il va être expliqué, un extrait ainsi conçu du projet de contrat de mariage :

Extrait, certifié véritable par le futur époux et certifié conforme par Me , notaire à , pour être transmis à M. le Ministre de la guerre, du projet du contrat de mariage de M. (*prénoms, nom, qualité et demeure du futur*) et de Mlle (*prénoms, nom, qualité et demeure de la future*).

Reproduire seulement dans cet extrait les articles du contrat qui établissent la fortune de la future.

Certifié conforme.	Certifié véritable.
(*Signature du notaire.*)	(*Signature du futur.*)

En produisant cet extrait qu'il certifie véritable, sans l'intervention de la future ni de sa famille qui n'ont pas à y intervenir, le futur époux obéit aux ordres du Ministre de la guerre dont il relève. Quant au notaire qui doit recevoir le contrat, il n'a pas le droit légalement de délivrer un extrait d'un projet d'acte qui n'est signé par aucune des parties, il ne peut que venir, après le certifié véritable du futur, certifier lui-même, sans caractère public, que l'extrait fourni est conforme au projet.

Dans l'un et l'autre cas, le futur époux doit, après le mariage, à première demande du Ministère de la guerre, produire un extrait authentique de son contrat de mariage, afin de prouver que les apport et dot de la future ont été réalisés dans les termes du projet de contrat.

PREMIÈRE PARTIE

CONVENTIONS DE MARIAGE

Les futurs époux adoptent le régime de la communauté, tel qu'il est établi par le Code civil, sauf les modifications résultant des articles ci-après. *Il peut y avoir lieu d'ajouter* notamment, sauf l'effet de la dotalité partielle indiquée art. *ou* sauf l'effet des stipulations d'emploi prévues art. 1 Adoption de la communauté.

Les futurs époux ne seront pas tenus des dettes l'un de l'autre, qui seraient antérieures à la célébration du mariage, ou qui grèveraient les biens par eux recueillis pendant la durée de la communauté; ces dettes seront acquittées par celui des époux qui les aura contractées, ou du chef duquel elles proviendront, sans que l'autre époux, ses biens, ou sa part dans la communauté en puissent être chargés. 2 Exclusion des dettes.

Les apports en mariage des futurs époux ci-après constatés, ensemble les biens qui vont leur être constitués en dot, et les biens tant meubles qu'immeubles qui pendant la durée de la communauté écherront à chacun d'eux par succession, donation, legs ou autrement, seront exclus de la communauté, pour être repris lors de sa dissolution par chacun des époux ou ses représentants ; de telle sorte que la communauté, à partager par moitié (*ou bien dans les termes et proportions exprimés ci-après sous l'article*), se composera uniquement des revenus des époux et des économies faites pendant le mariage. 3 Réserve des propres.

4
Toutefois
Vente à la communauté pour prix d'estimation d'une partie des apports et dots. Conséquence à indiquer pour les titres nominatifs.

Toutefois, il est convenu :

Que ceux des objets mobiliers compris dans lesdits apports et dots, et qui sont estimés sous les nos de l'art. et sous les nos de l'art. appartiendront à la communauté pour le montant de cette estimation, et que la reprise à exercer ultérieurement à ce sujet se composera du montant de l'estimation dont il s'agit. — Ce qui amène comme conséquence que le futur époux pourra vendre seul sur sa simple signature, sans le concours ni la procuration de la future épouse, les rentes sur l'État ou autres valeurs comprises dans l'apport en mariage de la future épouse, et estimées sous , signer toutes cessions et tous transferts, en recevoir le prix et en donner décharge.

5
Mise aux risques du futur des entreprises en cours d'exécution.

Que le futur époux profitera seul, de même qu'il souffrira seul du résultat final, quel qu'il soit, des entreprises non encore liquidées dont il sera question sous le n° de son apport en mariage. (*Dans ce cas et sous ce numéro d'apport, il faut dire quelle est la somme versée avant le mariage dans chacune de ces entreprises, pour aider à distinguer les sommes qui pourront être versées après le mariage.*)

6
Mise aux risques de la communauté des affaires commerciales entre le contrat et le mariage.

Que (l'état de fortune du futur époux ayant été arrêté, sous l'article ci-après, d'après les résultats de son inventaire commercial du dernier) la portion de bénéfices comme la portion de pertes qui peut résulter de la continuation des affaires, depuis cette époque jusqu'au jour du futur mariage, sera au profit ou à la perte de ladite communauté;

7
Estimation sans vente pour reprise éventuelle en deniers.

Que nonobstant l'estimation donnée aux tableaux et diamants indiqués sous le n° de l'article , ces tableaux et diamants resteront propres au futur époux, et que cette estimation n'aura d'autre effet que de suppléer, lors de la dissolution de la communauté, au défaut de représentation en nature de tout ou partie de ces objets ou au défaut de justification du prix de leur aliénation;

8
Réserve au profit des père et mère donateurs de certains des objets à l'usage de la future.

Qu'en cas de prédécès de la future épouse, ses père et mère, ou l'un d'eux, auront le droit de prélever, pour le montant de la prisée qui en sera faite à cette époque, et par imputation d'autant sur les reprises à exercer en vertu du droit de retour ci-après réservé ou de tout autre droit au nom de la future épouse, les habits, linge, hardes, bijoux et effets mobiliers, qui auront été à l'usage corporel de la future, sans que le futur époux puisse avoir le droit d'usufruit ou autre sur les objets dont il s'agit, soit en vertu du présent contrat, soit en vertu de tous actes ultérieurs ;

9
Sur la réserve d'un office ministériel et des recouvrements.

Particulièrement il est convenu : que, lors de la dissolution de la communauté, le futur époux ou ses représentants feront la reprise en nature de la charge de (notaire, avoué ou autre semblable) à , dont le futur époux est titulaire, ou de tout autre office qu'il pourrait obtenir ou acquérir pendant le mariage, et du cautionnement y attaché, ensemble de tous les recouvrements qui seront à faire à cette époque et qui sont considérés par les parties comme accessoires de cette charge, quel qu'en soit le montant, sauf, bien entendu, à indemniser la communauté des sommes principales qu'elle aurait pu payer au sujet desdits charge et cautionnement, ainsi que des déboursés effectués pendant la durée de la communauté et confondus dans lesdits recouvrements.

Le futur époux ou ses représentants faisant la reprise en nature de la charge de à , auront seuls droit au bail des lieux occupés par le futur époux pour son étude et son habitation, à la charge d'en payer les loyers et d'en exécuter toutes les conditions, de manière que la future épouse ou ses héritiers ne puissent jamais être recherchés.

Si ces lieux faisaient partie d'une maison dépendant de la communauté ou propre à la future épouse, il serait fait bail de ces lieux à dire d'experts au profit du futur époux ou de ses représentants pour un temps à son choix qui ne pourrait dépasser neuf années.

Dans les deux cas prévus sous les deux derniers paragraphes, la future épouse survivante aura le droit *personnel,* qui lui est expressément réservé vis-à-vis les héritiers et représentants du futur époux, de conserver les lieux non affectés à l'étude pour une contribution de loyer à fixer à l'amiable ou par experts et pour un temps qui ne pourra dépasser mois.

Si le futur époux avait cédé sa charge pendant le cours de la communauté, il serait fait reprise par lui ou ses représentants du prix moyennant lequel cette cession aurait eu lieu et du remboursement de son cautionnement.

On pourrait modifier ainsi la réserve d'une charge de notaire ou autre semblable, A L'ÉGARD DES RECOUVREMENTS :

10 Autre en indemnisant la communauté pour les recouvrements.

Particulièrement... (*Copier jusqu'à* Y ATTACHÉ *et continuer :*) sauf, bien entendu, à indemniser la communauté des sommes principales qu'elle aurait pu payer au sujet desdits charge et cautionnement. A l'égard des recouvrements qui seront à faire à cette époque, le futur époux ou ses représentants les reprendront pour la somme qui sera fixée par trois membres de la chambre des du ressort. Dans ces recouvrements ne seront pas compris les comptes réglés et arrêtés, non plus que les avances étrangères aux affaires de l'étude.

Le futur époux ou ses représentants faisant la reprise (*copier ce paragraphe*).

Si le futur époux avait cédé (*copier ce paragraphe et ajouter :*) A l'égard de la reprise à exercer pour les recouvrements d'étude, s'ils n'avaient pas été compris dans cette cession, l'importance en demeure fixée à forfait au même chiffre que celui indiqué ci-après sous le n° de l'article pour le montant des recouvrements apportés en mariage par le futur époux.

On peut encore joindre à la réserve d'une charge de notaire ou autre semblable la réserve du mobilier d'étude, et dire :

11 Autre qui s'étend à la bibliothèque et au mobilier d'étude.

Particulièrement il est convenu que, lors de la dissolution de la communauté, le futur époux ou ses représentants feront la reprise en nature de la charge de, etc., ainsi que de sa bibliothèque, du mobilier de son cabinet et du mobilier de l'étude, le tout considéré par les parties comme accessoires de l'étude sauf 1° à indemniser, etc. ; 2° à tenir compte de la valeur des recouvrements d'après l'estimation qui en sera faite par (*copier comme ci-dessus*); 3° et à tenir compte de la valeur de la bibliothèque et des autres objets mobiliers d'après la prisée de l'inventaire qui sera fait à cette époque.

Le futur époux ou ses représentants faisant la reprise (*copier la fin de l'article*).

On pourrait réserver au futur époux la faculté de retenir la charge soit pour le prix d'achat, soit pour un autre prix fixé de suite à forfait dans le contrat de mariage.

Il est convenu que les habits, linge, hardes, bijoux et autres objets à l'usage personnel des futurs époux, et par eux apportés en mariage, leur resteront propres en nature, et que lors de la dissolution de la communauté, chacun d'eux reprendra, comme représentation de cet apport, les habits, linge, hardes, bijoux et autres objets à son usage personnel, quelle que soit la différence de valeur qui puisse exister.

12
Reprise en nature des objets mobiliers à l'usage personnel.

Lorsque les deux époux adoptent cette stipulation, il est tout à fait inutile d'estimer les objets mobiliers dont il s'agit ; on ne doit les énoncer au contrat que pour ordre et d'une manière sommaire.

Nonobstant l'adoption du régime de la communauté qui laisse au mari l'administration entière des biens de la femme et qui prive celle-ci du droit d'aliéner les objets à son usage personnel, il est convenu que la future épouse aura le droit de disposer par don entre-vifs, sans le concours de son mari, et par testament, des objets mobiliers à son usage corporel, sauf à prendre en moins dans ses reprises la valeur de ces objets particuliers.

13
Pouvoir à la future de disposer des objets mobiliers à son usage corporel.

La future épouse aura le droit de toucher chaque année, sur ses simples quittances, des débiteurs directement, les revenus de (*désigner les biens*) pour son entretien et ses besoins personnels ou pour en faire tel emploi qu'elle avisera, sans avoir à en rendre compte.

14
Pouvoir à la future de toucher une partie de ses revenus.

Il est bien entendu que la portion non employée de ces revenus ou les emplois utiles existant de ces revenus tomberont dans la communauté.

Nonobstant l'adoption du régime de la communauté, la future épouse aura le droit de recevoir sur sa simple quittance, sans le concours ni l'autorisation de son mari, de tous débiteurs ou dépositaires, les revenus de tous ses biens meubles et immeubles, sans exception ; mais elle ne pourra sans l'autorisation de son mari disposer desdits biens en capital.

15
Droits réservés à la future de recevoir tous ses revenus.

La future contribuera avec son mari aux charges du mariage dans la proportion de leurs revenus respectifs, sans avoir aucun compte à rendre ni décharge à se demander l'un à l'autre; et lors de la dissolution de la communauté, les revenus non employés, ainsi que les économies faites par l'un ou l'autre des époux, tomberont naturellement dans la communauté stipulée par le présent contrat.

16
Administration réservée à la future sur partie de ses biens et sur la fortune et la personne d'une enfant née d'un précédent mariage.

Nonobstant l'adoption du régime de la communauté, la future épouse aura le droit de toucher sur sa simple quittance, sans le concours de son mari, des débiteurs ci-après nommés ou de tous autres qu'il appartiendra, les revenus des rentes et sommes qui vont être indiquées : 1° d'une rente sur l'État 3 p. 100 de , inscrite sous le n° , etc. ; 2° et d'une somme de à prendre dans la créance de 70,000 fr. énoncée ci-après sous le n° de son apport en mariage, avec stipulation qu'au jour du remboursement de cette créance il sera fait de cette somme remploi, que les tiers devront surveiller à défaut de l'autorisation du mari, en , etc.

Le droit de la future pour l'encaissement des revenus se continuera sur toutes valeurs acquises en remploi desdites sommes et rentes.

La future n'aura aucun compte à rendre de l'emploi desdits revenus, et, lors de la dissolution du mariage, les revenus et économies non employés tomberont naturellement dans la communauté stipulée par le présent contrat.

En outre, la future épouse conservera, en qualité de tutrice de sa fille mineure, l'administration libre de la fortune et de la personne de sa fille, et, comme la fortune légalement liquidée de cette enfant se trouve en ce moment confondue dans la fortune de la future, il sera fait emploi en rente sur l'État, au nom de cette enfant, jusqu'à concurrence de ses droits, des premiers deniers à provenir dans les mains du futur de tous biens de la future, de manière à séparer la fortune de la mineure de la fortune des futurs époux.

La future encaissera tous revenus propres à sa fille, déterminera les dépenses de celle-ci, fera au nom de sa fille tous emplois d'excédant de recettes sur les dépenses, sans que cette stipulation puisse avoir pour résultat de mettre à la charge personnelle de la future tous excédants non employés ou tous intérêts d'excédants, lesquels excédants non employés et intérêts seraient naturellement supportés par ladite communauté.

Bien que ladite mineure soit comptable envers la future d'une part contributive dans les frais de nourriture, d'entretien et autres charges de la vie commune, il ne sera dû pour la future épouse aucune indemnité pour ces causes à ladite communauté.

---

17 Remploi volontaire.

Le remploi des biens propres de la future épouse qui seraient convertis en argent pendant le mariage sera fait librement par le futur époux conformément aux dispositions du Code civil, sans que les tiers aient à s'en inquiéter, et la reprise provenant de toute réalisation s'exercera également dans les termes de la loi.

Cet article n'introduit aucun droit particulier ; on le mentionne néanmoins afin qu'il soit possible d'en faire un extrait qui justifie aux tiers que le futur époux N'EST TENU *à aucun remploi des deniers de la future épouse.*

Il peut y avoir lieu d'ajouter :

18 Autre avec restriction exigeant le concours de la femme.

Toutefois il est expressément convenu, à l'égard du payement des capitaux qui appartiennent ou qui pourraient appartenir par la suite à la future, ainsi que de tous prix en principal de l'aliénation des biens meubles et immeubles présents et à venir de la future, que ce payement ne pourra avoir lieu qu'avec le concours de la future, et que les débiteurs ou les tiers ne seront déchargés que sur la quittance donnée par la future conjointement avec son mari.

---

19 Autre obligatoire à défaut du concours de la femme.

Nonobstant l'adoption du régime de la communauté, il est convenu que le futur époux devra faire emploi, au nom de la future, des capitaux propres à la future épouse, qu'il pourrait toucher SEUL pendant le mariage sans le concours de la future épouse, par suite de donation, aliénation ou autrement, et que les tiers ne seront définitivement libérés qu'après la réalisation de cet emploi.

Mais les futurs époux seront libres de faire tels emplois qu'ils jugeront convenables, sans que les tiers aient à s'en inquiéter, des sommes propres à la future épouse, qu'ils toucheront CONJOINTEMENT pendant le mariage.

Pour se conformer à l'emploi qui vient d'être prescrit dans le cas où le futur époux toucherait seul les capitaux propres à la future épouse, le futur époux devra, etc.

Voir les conditions d'emploi et la responsabilité des tiers dans les formules du régime dotal.

---

20 Autre obligatoire dans tous les cas.

Nonobstant l'adoption du régime de la communauté, il est convenu que les futurs époux devront faire emploi au nom de la future épouse, avec mention de l'obligation successive de remploi, des sommes apportées en mariage par la future épouse, ainsi que des capitaux qui pourront advenir à la future épouse pendant le mariage, par succession, donation, aliénation ou autrement, quand bien même la quittance de ces sommes ou capitaux serait signée par les deux époux. Les valeurs au porteur seront assimilées aux capitaux.

Ces emploi et remploi, etc.

Voir les conditions d'emploi et la responsabilité des tiers dans les formules du régime dotal, sans oublier que cette prescription d'emploi ne dotalise pas les biens, et qu'au contraire, sous le régime de la communauté, même après ces remplois, la fortune de la femme peut être engagée envers des tiers et saisie par l'effet de la signature de la femme.

*Voir pour une stipulation de dotalité partielle les formules n*os 68 et 75.

---

21 Préciput soit en mobilier soit en argent.

Le survivant des futurs époux prendra par préciput tel des biens meubles de la communauté qu'il lui plaira choisir jusqu'à concurrence d'une somme de   , d'après la prisée de l'inventaire qui sera fait lors de la dissolution de la communauté par décès (1), ou cette somme en deniers comptants à son choix.

Il pourra exercer ce préciput, partie en objets mobiliers, partie en deniers comptants.

---

(1) *Si la volonté de parties était que le survivant eût droit à un préciput, même dans le cas où la communauté serait dissoute par une séparation de corps ou de biens, il faudrait supprimer ces mots :* par décès.

Au contraire, il peut y avoir lieu de s'arrêter au mot COMMUNAUTÉ PAR DÉCÈS *et de dire :*

Dans le cas où les effets mobiliers prisés en l'inventaire n'auraient pas une valeur de , le survivant ne pourra prendre le complément de ce préciput sur les deniers comptants ou autres valeurs, l'intention des parties étant que ledit préciput ne puisse être exercé que sur les objets mobiliers corporels susceptibles d'être prisés dans l'inventaire.

22 En mobilier seulement.

Il peut y avoir lieu de s'arrêter au même mot de COMMUNAUTÉ PAR DÉCÈS *et d'ajouter de suite :*

En outre, le survivant aura la faculté de conserver en nature, etc. (*Voir* la formule 25).

Mais alors les deux conventions réunies sous un même article doivent être terminées ainsi :

La future épouse survivante aura droit à l'exercice desdits préciput et faculté, même en renonçant à la communauté.

Le survivant des futurs époux prendra par préciput une somme de en tels biens de la communauté qu'il lui plaira choisir, d'après la prisée de l'inventaire qui sera fait lors de la dissolution de la communauté par décès, et le surplus de ladite somme, après épuisement du mobilier prisé, en deniers comptants.

23 En mobilier d'abord.

Dans le cas où le mobilier prisé serait supérieur à ladite somme de , le survivant aura la faculté (*Voir* formule n° 25.)

La future épouse survivante aura droit auxdits préciput et faculté, même en renonçant à la communauté.

C'est avec intention que nous ne donnons pas de formule d'augment de préciput, car cette stipulation, qui répète le préciput sous une autre forme, est tombée à bon droit en désuétude.

Le survivant des futurs époux prendra par préciput en nature tout le mobilier qui existera dans les maisons de ville et de campagne des époux, dans l'étendue et l'acception déterminées par l'art. 536 du Code

24 Autre, de la totalité du mobilier dans les maisons de ville et de campagne.

civil, quelle qu'en soit l'importance, et sans avoir à compter du montant de la prisée s'il y avait nécessité d'en faire une.

Toutefois le futur époux se réserve de disposer au profit de qui bon lui semblera du mobilier qui pourra exister au jour de son décès dans son habitation de

La future épouse survivante, etc.

---

25 Convention sur le mobilier. En outre, *dans le cas qui vient d'être prévu*, le survivant aura la faculté de conserver en nature telle partie qu'il jugera convenable de ce qui restera (après l'exercice dudit préciput qui ne pourrait alors être fait en deniers) du mobilier prisé audit inventaire, sur le pied de l'estimation qui en sera faite dans cet inventaire et par déduction d'autant sur ses droits et reprises, à la charge seulement de déclarer son option à cet égard avant la clôture dudit inventaire. La future survivante aura le droit d'exercer cette faculté, même en renonçant à la communauté.

---

§ 1. CAS DE DÉCÈS DE L'UN DES ÉPOUX SANS ASSOCIATION.

26 Sur le fonds de commerce exploité lors du prédécès. Les futurs époux conviennent que le survivant d'eux (la future soit qu'elle accepte la communauté, soit qu'elle y renonce) pourra, si bon lui semble, conserver pour son compte personnel le fonds de commerce ou établissement exploité par les époux ou l'un d'eux au jour du décès du prémourant, ensemble l'achalandage, les marchandises, ustensiles et autres accessoires du fonds, ainsi que la jouissance locative des lieux où il sera exercé, à la charge par le survivant : 1° de faire raison aux héritiers du prédécédé de leurs droits dans la valeur desdits fonds et accessoires, d'après l'estimation qui en sera faite dans l'inventaire après le décès du prémourant ; 2° et de demeurer seul tenu du payement des loyers, ainsi que de l'exécution des conditions du bail desdits lieux, à partir du jour du décès du prémourant.

Le survivant des époux imputera la valeur desdits fonds et accessoires sur les sommes qui lui reviendront en toute propriété et en usufruit dans ladite communauté et dans la succession de l'époux prédécédé. Il payera le surplus, s'il y a lieu, aux héritiers et représentants de l'époux prédécédé dans les qui suivront le décès. Il ne sera pas tenu de fournir caution, et il ne devra aucun intérêt pendant ce temps. Mais, à partir de l'expiration de ce délai, il devra des intérêts de plein droit sur le pied de 0/0 par an jusqu'à payement effectif. Ce délai cessera soit en cas de vente du fonds, soit en cas de convol à de secondes noces, et tout ce que le survivant resterait devoir, à l'époque de cet événement, en toute propriété, sur la valeur desdits fonds et accessoires, deviendra de plein droit exigible.

Il peut y avoir lieu de s'arrêter après ces mots: représentants de l'époux prédécédé, *et de finir ainsi cet alinéa:* dans le délai qui sera stipulé ci-après.

Si le fonds de commerce était exploité dans un immeuble appartenant à la communauté ou propre à l'époux prédécédé, le survivant pourra exiger qu'il lui soit passé bail des lieux occupés par ledit commerce et nécessaires à l'habitation commune du survivant et de ses enfants, soit pour neuf années, soit pour une durée moins longue à son choix, à compter du jour du décès de l'époux prémourant, aux charges de droit et moyennant un loyer annuel qui sera fixé par experts.

L'époux survivant sera tenu de déclarer et signifier son option aux héritiers et représentants de l'époux prédécédé dans les *six* mois qui suivront le décès de ce dernier, ou *dans les trois mois qui suivront la mise en demeure qui lui sera signifiée par lesdits héritiers et représentants.*

On peut ajouter: A peine d'être déchu, par la seule échéance du terme, du droit de conserver lesdits fonds et accessoires, en profitant des conventions qui viennent d'être stipulées sous le présent article.

Ou bien : A défaut de ces déclaration et signification, l'époux survivant sera censé avoir opté pour la conservation desdits fonds, marchandises et ustensiles, et, si bon semble aux héritiers du prémourant, il devra gratuitement suivre le recouvrement de toutes créances dépendant dudit établissement, avec obligation d'en rendre compte tous les six mois auxdits héritiers et d'imputer sur les sommes dues au décès toutes sommes payées par des personnes devenues ses débitrices.

Dans le cas où l'époux survivant n'opterait pas pour la conservation desdits fonds et accessoires aux conditions ci-dessus exprimées, il ne pourrait s'intéresser directement ou indirectement dans aucun fonds u établissement semblable, dans un rayon de kilomètres du lieu où ledit fonds serait exploité, à peine de tous dommages-intérêts vis-à-vis de la personne qui pourrait devenir acquéreur dudit fonds.

La future épouse survivante ne sera exposée à aucuns dommages-intérêts pour les faits de son second mari ni pour son concours au commerce de ce dernier, quel qu'il soit (1).

(2).

27
Sur la situation commerciale lors du prédécès.

Lorsque l'établissement commercial est trop important pour être assimilé à ce qu'on appelle un fonds de commerce, et lorsque son objet écarte absolument la pensée que la future épouse, en cas de survie, puisse l'exploiter, on doit simplifier la rédaction du 1er paragraphe, et en écarter tout ce qui ne répondrait pas à l'importance de l'établissement ou qui s'appliquerait à la future en même temps qu'au futur. Mais il faut être très-réservé à priver la future épouse survivante de la faculté de conserver l'établissement commercial; car, en cas de prédécès du futur laissant des enfants mineurs, il peut être utile que la future ait le droit de conserver l'établissement pour éviter qu'il y ait obligation légale de vendre avec formalités judiciaires, aux enchères, l'établissement commercial, et afin que la future épouse en devienne nominalement propriétaire, sauf à ne conserver réellement cet établissement que durant le temps nécessaire pour céder de gré à gré à un acheteur.

Il y aurait lieu, particulièrement dans le cas exceptionnel ci-dessus prévu, de mettre en tête de cet article : SUR LA SITUATION COMMERCIALE, *et de modifier aussi le paragraphe 1er* :

Les futurs époux conviennent que le futur époux survivant pourra, si bon lui semble, conserver pour son compte personnel l'établissement exploité au jour du décès de la future, ensemble, etc.

Le second alinéa du même paragraphe commencerait par : Le futur époux survivant, *et s'arrêterait aux mots* succession de l'époux prédécédé *que l'on remplacerait par* succession de la future épouse.

---

(1) Une partie seulement de ce premier paragraphe peut suffire pour un grand nombre de petits commerces de détail. Il en est ainsi de beaucoup de formules du présent recueil, qui sont à adopter en totalité ou en partie, suivant les circonstances dont le notaire rédacteur reste juge.

(2) Il y a lieu d'ajouter le dernier alinéa du § 4, formule 28.

Au 3ᵉ alinéa il serait dit : Si l'établissement était exploité, *puis tout cet alinéa serait reproduit.*

On ne reproduirait pas les autres alinéas de ce 1ᵉʳ paragraphe.

Quelquefois les parties veulent tenir compte d'abord de la situation du futur, associé dans un établissement commercial au moment du mariage, et ne prévoir qu'en second lieu la possibilité pour le futur d'être ultérieurement chef de maison. — En ce cas les 2ᵉ et 3ᵉ paragraphes deviennent les 1ᵉʳ et 2ᵉ. — Quant au 1ᵉʳ paragraphe du projet, il devient le 3ᵉ. — Les changements de rédaction à faire en cette occurrence sont peu importants.

---

§ 2. CAS DE PRÉDÉCÈS DE LA FUTURE AU COURS D'UNE ASSOCIATION.

28 Sur les droits de la future épouse et sur ceux de ses héritiers en cas d'association commerciale.

Dans le cas où le futur époux serait associé commercialement ou civilement au jour du prédécès de la future, il est convenu 1° que les héritiers et autres représentants de la future ne pourront réclamer d'autres droits au sujet de cette société que ceux résultant du dernier inventaire social, ou, à leur choix, leur part dans les bénéfices de l'exercice courant au jour du décès, proportionnellement au temps couru lors du décès, d'après l'inventaire qui sera fait, sans leur concours, en fin de cet exercice; 2° et que le futur époux pourra conserver pour son compte les droits appartenant à la communauté dans la société, conformément aux stipulations du pacte social, sans avoir aucune indemnité à payer aux héritiers et représentants de la future, sauf, bien entendu, l'obligation de payer auxdits héritiers et représentants leurs droits dans ladite société, constatés dans les conditions susindiquées.

---

§ 3. CAS DE PRÉDÉCÈS DU FUTUR AU COURS D'UNE ASSOCIATION.

Dans le cas où le futur époux viendrait à mourir en état d'association commerciale ou civile, la future survivante aurait le droit de prendre les lieu et place du futur, si les actes de société n'y mettent pas obstacle, et elle exercera ce droit au regard des héritiers et représentants du futur dans les conditions exprimées sous les deux paragraphes précédents.

§ 4.

Dans les cas prévus sous les paragraphes 2 et 3, il ne pourra être apposé de scellés ni être fait aucun inventaire judiciaire; les intéressés, même mineurs ou autrement incapables, devront s'en rapporter aux inventaires sociaux.

Dans tous les cas, les effets de l'option exercée par le survivant, soit expresse, soit tacite, remonteront de droit au jour du décès du prémourant.

29
Faculté de conserver une exploitation de culture.

Les futurs époux conviennent que le survivant d'eux (la future, soit qu'elle accepte la communauté, soit qu'elle y renonce) pourra, si bon lui semble, conserver pour son compte personnel l'exploitation de culture qu'ils feraient valoir au jour du décès du prémourant, ensemble les chevaux, bestiaux et ustensiles aratoires servant à ladite exploitation, plus les grains, fourrages, fumiers, labours, semences et amendements en dépendant, ainsi que la jouissance locative des lieux servant à cette exploitation, et des terres ou autres biens tenus à bail pour ladite exploitation, à la charge par ledit survivant : 1° De faire raison aux héritiers du prédécédé de leurs droits dans la valeur de ladite exploitation et accessoires d'après l'estimation qui en sera faite dans l'inventaire après le décès du prémourant ; 2° et de demeurer seul tenu du payement des loyers ainsi que de l'exécution des conditions des baux à partir du jour du décès dudit prémourant.

Le survivant imputera la valeur de ladite exploitation sur les sommes qui lui reviendront en toute propriété et en usufruit dans ladite communauté et dans la succession de l'époux prédécédé. Il payera le surplus, s'il y en a, dans le délai ci-après indiqué sous l'article .

Dans le cas où à l'époque du décès du prémourant, les bâtiments, terres et autres biens composant ladite exploitation appartiendraient en tout ou en partie aux héritiers du prédécédé, soit du chef de ce dernier, soit à raison de sa part dans la communauté stipulée par le présent contrat, le survivant pourra exiger qu'il soit passé bail desdits bâtiments, terres et autres biens pour douze années, à compter du jour du décès de l'époux prémourant, aux charges de droit, et moyennant un loyer annuel qui sera fixé par experts.

L'époux survivant sera tenu de faire connaître son intention dans les six mois qui suivront le décès du prémourant, à défaut de quoi il sera de droit réputé avoir opté pour la conservation de ladite exploitation et de ses accessoires, aux conditions ci-dessus exprimées, et l'effet en remontera au jour du décès du prémourant.

---

30 Mention du droit pour la future et ses héritiers de reprendre ses propres francs et quittes.

Il est bien entendu que, même en renonçant à la communauté, la future épouse, ses héritiers ou ayants cause reprendront l'apport en mariage de la future épouse, les biens qui lui ont été constitués en dot et ceux qui lui seront advenus pendant la durée de la communauté, tant en meubles qu'en immeubles, par succession, donation, legs ou autrement, le tout franc et quitte des dettes de la communauté. Si la future épouse s'y était obligée ou y avait été condamnée, elle en serait garantie et indemnisée, ainsi que ses héritiers et ayants cause, par le futur époux et sur ses biens (1).

---

31 Toutefois abandon du trousseau si cette reprise est exercée par les héritiers.

Toutefois, en cas de prédécès de la future, ses héritiers ou ayants cause n'auront pas le droit de reprendre le montant estimatif du trousseau de la future, qui, pour ce cas, sera réputé tombé dans la communauté.

Il est évident que cette convention exceptionnelle ne rentre pas dans

---

(1) *Lorsque les époux stipulent* : UNE COMMUNAUTÉ RÉDUITE AUX ACQUÊTS *ou* UNE EXCLUSION DE DETTES AVEC RÉSERVE DE PROPRES, *chacun d'eux conserve le droit de reprendre les biens qui lui appartiennent, ou ceux qui en sont la représentation; et la communauté se borne aux acquêts faits par les époux ensemble ou séparément durant le mariage* (art. 1498). *La femme qui renonce à la communauté perd toute espèce de droit sur cette communauté* (art. 1492); *elle est, par le fait de sa renonciation, déchargée de toute contribution aux dettes de la communauté, tant à l'égard du mari qu'à l'égard des créanciers qui n'ont pas sa signature; elle reste seulement tenue envers les créanciers vis-à-vis desquels elle s'est obligée conjointe-*

les termes expliqués en la note mise en fin de cette page; elle est soumise au contraire aux observations de la note insérée page 57.

32
Mise en communauté d'une somme fixe avec réserve des autres biens.

Des biens des futurs époux il entrera en communauté, de part et d'autre, la somme de , pour former un fonds commun de ; le surplus de leurs biens actuels, ensemble les biens qui vont leur être constitués en dot, et tous les biens tant meubles qu'immeubles qui pendant la durée de la communauté écherront à chacun d'eux, par succession, donation, legs ou autrement, resteront propres à chacun, et comme tels exclus de la communauté, pour être repris lors de sa dissolution par chacun des époux ou ses représentants.

33
Mise inégale dans la communauté avec réserve du surplus des biens.

Les futurs époux mettent en communauté, savoir : la future épouse une somme de , et le futur époux une somme de ; le surplus de leur biens actuels, etc. (*La suite comme dans la formule* 32.)

Nonobstant l'inégalité de leurs mises, il est bien entendu que les futurs époux auront droit à une part égale dans les biens qui composeront cette communauté.

34
Communauté à titre universel des biens présents avec ameublissement.

Les futurs époux mettent en communauté la totalité des biens qu'ils possèdent actuellement, et à cet effet le futur époux consent l'ameublissement de sa maison sise , ci-après désignée ; mais les futurs époux réservent propres à chacun d'eux tous les biens meubles et immeubles qui pourront lui advenir pendant la durée de la communauté par succession, donation, legs ou autrement.

---

ment avec son mari; mais, même dans ce cas, elle conserve son recours contre son mari ou les héritiers de ce dernier (art. 1494).

D'OÙ IL SUIT *que, lorsque les époux stipulent une communauté réduite aux acquêts ou une exclusion de dettes avec réserve de propres, la clause dont il s'agit ne confère à la femme ou à ses représentants aucun droit particulier, et ne rentre aucunement dans l'application de l'art.* 1514 *du Code civil.*

ON PEUT, DANS CE CAS, OMETTRE CETTE CLAUSE SANS DANGER : *on verra ci-après* (formule 37) *dans quelle circonstance cette clause est rigoureusement nécessaire.*

Par suite, la communauté ne sera tenue que des dettes à la charge des biens présents des futurs époux, et elle n'aura pas à supporter les dettes dont pourront être grevés les biens à venir de chacun des époux ; ces dernières dettes seront acquittées par celui des époux du chef duquel elles proviendront, sans que l'autre époux, ses biens ou sa part dans la communauté en puissent être chargés.

35
Communauté à titre universel des biens à venir.

Les futurs époux mettent en communauté la totalité des biens meubles et immeubles qui pourront leur advenir pendant la durée de la communauté, par succession, donation, legs ou autrement ; mais ils réservent propre à chacun d'eux la totalité des biens meubles et immeubles qu'il possède actuellement.

Par suite, la communauté sera tenue des dettes dont pourront être grevés les biens à venir des futurs époux, mais elle n'aura pas à supporter les dettes à la charge de leurs biens présents ; ces dernières dettes, etc. (*La suite comme dans la formule* 34.)

36
Communauté universelle.

Les futurs époux mettent en communauté tous les biens meubles et immeubles qu'ils possèdent actuellement, et tous ceux qui pourront leur advenir pendant la durée de la communauté par succession, donation, legs ou autrement, sans exception.

Par suite, la communauté sera tenue de toutes les dettes des époux qui seraient antérieures à la célébration du mariage, ou qui grèveraient les biens par eux recueillis pendant la durée de la communauté.

37
Faculté réservée à la femme et à certains de ses héritiers de reprendre sa mise en communauté franche et quitte.

En renonçant à la communauté, faculté est accordée à la future épouse et à ses enfants ou descendants issus dudit mariage de reprendre *sa mise en communauté* (1), indépendamment des biens, meubles et

(1) *Cette exception est rigoureuse. Elle doit déterminer clairement les personnes qui pourront en profiter et la portion de mise en communauté à laquelle elle devra s'appliquer, art.* 1514. (Voir, par opposition, les observations consignées à la suite de la 30e formule.)

immeubles, qui lui appartiennent ou pourront lui advenir pendant la durée de la communauté, par succession, donation, legs ou autrement.

Si c'est la future épouse qui fait elle-même cette renonciation, elle prendra en outre le préciput ci-dessus stipulé (1).

Toutes ces reprises seront franches et quittes des dettes de la communauté, encore bien que la future épouse s'y soit obligée ou y ait été condamnée, attendu qu'en ce cas elle en sera garantie et indemnisée, ainsi que ses héritiers, par le futur époux et sur ses biens.

38
Attribution au survivant de la communauté en toute propriété. (2)

Les futurs époux conviennent, en vertu des dipositions de l'art. 1525 du Code civil, que tous les biens meubles et immeubles, sans aucune exception ni réserve, qui composeront la communauté stipulée par le présent contrat, appartiendront en toute propriété au survivant, qu'il y ait ou qu'il n'y ait pas d'enfants issus dudit mariage (*ou bien* dans le cas seulement où il n'existerait pas d'enfants issus dudit mariage).

Il est entendu que l'époux survivant, en profitant du bénéfice de cette stipulation, sera tenu d'acquitter seul toutes les dettes de la communauté.

Lorsque cette attribution n'est pas absolue et est subordonnée à un cas particulier, par exemple au cas de non-existence d'enfant, il est bon d'exprimer en cet endroit une pensée complète en disant :

Mais dans le cas où il existerait des enfants du futur mariage, les futurs époux conviennent que la communauté sera partagée par moitié entre les deux époux ou leurs représentants.

39
Attribution au survivant de l'usufruit de la moitié revenant à l'époux prédécédé dans la communauté.

Les futurs époux conviennent, en vertu des dispositions de l'art. 1525 du Code civil, que le survivant d'eux jouira en usufruit, pendant sa vie, à compter du jour de décès de l'époux prémourant, de la moitié revenant à ce dernier dans tous les biens meubles et immeubles, sans

---

(1) *Cette faculté est insérée en cet endroit ou en fin de la clause qui contient stipulation du préciput.*

(2) *Voir l'observation consignée dans la table, à la suite de la formule n° 37.*

exception ni réserve, qui composeront la communauté stipulée par le présent contrat. L'époux survivant profitera du bénéfice de cette stipulation, qu'il y ait ou non des enfants issus dudit mariage (*ou bien* dans le cas seulement où il n'existerait pas d'enfants issus dudit mariage). — Pour jouir de cet usufruit, le survivant sera dispensé de fournir caution et de faire emploi, mais il devra faire faire inventaire et avancer, avec les sommes fournies à son usufruit, les droits de mutation à la charge de la nue propriété, sauf compte sans intérêts à la fin de l'usufruit.

Il est bien entendu que l'époux survivant, en profitant du bénéfice de cette stipulation, sera tenu, COMME TOUT USUFRUITIER, des dettes qui pourraient grever la moitié revenant à l'époux prédécédé dans ladite communauté.

40
Attribution d'une quotité de la communauté autre que la moitié à certains des héritiers de l'époux prémourant.

Les futurs époux conviennent que le partage de la communauté stipulée par le présent contrat n'aura lieu par égales portions qu'entre le survivant d'eux et les enfants ou descendants issus de leur mariage; à défaut d'existence d'enfants issus dudit mariage au jour du décès de l'époux prédécédé, les biens de la communauté appartiendront pour trois quarts à l'époux survivant, et pour le dernier quart aux héritiers de l'époux prédécédé ; et les dettes de la communauté, seront supportées dans la même proportion entre l'époux survivant et lesdits héritiers.

41
Attribution à forfait d'une somme fixe pour tout droit dans la communauté à certains des héritiers de l'époux prémourant.

Les futurs époux conviennent que le partage de la communauté stipulée par le présent contrat n'aura lieu par égales portions qu'entre le survivant d'eux et les enfants ou descendants issus de leur mariage.

Dans le cas où il n'existerait pas d'enfant issu de leur mariage au jour du décès de l'époux prémourant, le survivant aura la faculté de limiter les droits des héritiers de l'époux prédécédé dans la communauté à une somme de   stipulée à forfait dès aujourd'hui. Le survivant des époux, en usant de cette faculté, sera propriétaire de tous les biens meubles et immeubles, sans aucune exception ni réserve, qui composeront ladite communauté, à la charge d'acquitter seul toutes les dettes de la communauté.

42
Attribution à l'un des époux survivant d'une rente viagère pour tout droit dans la communauté.

Les futurs époux conviennent, en vertu des dispositions de l'art. 1525 du Code civil, que tous les biens meubles et immeubles, sans exception ni réserve, qui composeront la communauté stipulée par le présent contrat, appartiendront en toute propriété à la future épouse, soit qu'elle survive, soit qu'elle prédécède, s'il n'existe pas d'enfants issus du mariage ; si la future épouse ou ses représentants profitent de cette stipulation, ils seront tenus d'acquitter seuls toutes les dettes de la communauté.

Dans ce cas, le futur époux survivant aurait pour tous droits dans la communauté une rente annuelle et viagère, sur sa tête, de la somme de , qui prendrait cours du jour du décès de la future épouse, serait payable à Paris en tel lieu de cette ville qu'il indiquerait, de trois mois en trois mois d'avance, et serait garantie, etc. (*Voir ci-après formules.....*)

Le futur époux survivant sera libre, lors du décès de la future épouse, de demander que sa rente viagère, au lieu d'être fixée irrévocablement audit chiffre de , soit déterminée à cette époque par l'intérêt calculé à forfait sur le pied de pour 100 par an de la valeur de la moitié du *net* de la communauté stipulée par le présent contrat. Toutes les clauses qui viennent d'être stipulées s'appliqueront à la rente viagère ainsi déterminée.

Dans le cas où il existerait des enfants du futur mariage, les futurs époux conviennent, contrairement à ce qui vient d'être prévu sous le présent article, que la communauté stipulée sous l'art. 1er sera partagée par moitié entre les deux époux ou leurs représentants.

43
Attribution de la communauté qui produit les effets d'une donation sur la part du prédécédé en usufruit réductible.

Les futurs époux conviennent, en vertu de l'art. 1525 du Code civil, que les bénéfices nets de la communauté stipulés par le présent contrat, appartiendront, savoir :

1° S'il n'existe pas de descendant du mariage au jour du décès du premier mourant : au survivant pour moitié en toute propriété et pour moitié en usufruit, et aux héritiers et représentants du prédécédé pour cette dernière moitié en nue propriété.

2° Et s'il existe des descendants du mariage : au survivant pour moitié toujours en toute propriété, et pour un quart en usufruit, et aux héritiers et représentants du prédécédé pour un quart en toute propriété, et pour le dernier quart en nue propriété.

Dans tous les cas, le survivant pour jouir, etc.

44
Autre attribution en toute propriété ou en usufruit suivant que le mari ou la femme survit.

Ou bien après le mot APPARTIENDRONT :

Dans le cas où il n'existerait pas d'enfants du mariage, savoir : en toute propriété au mari si c'est lui qui survit, et en usufruit à la future épouse si c'est elle qui survit, pour en jouir pendant sa vie à partir du jour du décès de son mari, avec dispense de fournir caution et de faire emploi jusqu'au jour de son second mariage, mais avec obligation de fournir caution ou de faire emploi à partir de cette dernière époque.

45
Autre, subordonnée quant à l'usufruit d'une partie de la communauté à l'état de viduité du survivant.

En vertu des dispositions de l'art. 1525 du Code civil, les futurs époux conviennent de ce qui suit :

Si la future épouse prédécède, soit qu'elle laisse, soit qu'elle ne laisse pas d'enfants, la communauté appartiendra en toute propriété au futur époux.

Si le futur époux prédécède, qu'il y ait ou qu'il n'y ait pas d'enfants issus du mariage, ladite communauté appartiendra en nue propriété à ses héritiers et représentants, et en usufruit à la future épouse, à compter du jour du prédécès, savoir : moitié en usufruit de toute la communauté jusqu'au jour où elle convolerait à de secondes noces et au plus tard conséquemment jusqu'au jour du décès de la future épouse, et l'autre moitié en usufruit jusqu'au jour du décès de la future épouse sans réduction en cas de convol. La future épouse sera dispensée de fournir caution, mais elle devra faire emploi dans les termes indiqués ci-après sous l'art. .

46
Autre, subordonnée à la non-existence d'enfant.

Les futurs époux conviennent, en vertu de l'art. 1525 du Code civil, que le partage de la communauté stipulée par le présent contrat n'aura lieu par moitié entre eux qu'autant qu'il existerait des enfants du mariage, ou, à défaut d'enfants, qu'autant que la future épouse survivrait.

Si la future prédécède sans laisser d'enfants, la communauté appartiendra en toute propriété au futur époux.

Si au contraire la future épouse prédécède en laissant des enfants, la communauté appartiendra en toute propriété moitié au futur époux et moitié aux enfants nés du mariage.

Si la future épouse survit, qu'il y ait ou qu'il n'y ait pas d'enfants issus du mariage, ladite communauté appartiendra moitié à la future épouse en toute propriété, et moitié aux représentants du futur époux en toute propriété.

---

47 Attribution du mobilier au survivant.

Les futurs époux conviennent, conformément aux dispositions de l'article 1525 du Code civil : que le survivant d'entre eux sera propriétaire de tous les objets mobiliers autres que deniers comptants, titres, rentes et créances de toute nature (dans l'étendue de l'article 536 du Code civil) qui existeront lors du décès du prémourant dans les habitations de ville et de campagne des époux.

Cette convention rend superflue la stipulation d'un préciput.

---

48 Adoption du régime sans communauté.

Il n'y aura pas de communauté de biens entre les futurs époux ; en conséquence, les dettes de chacun, créées avant et pendant le mariage, seront acquittées par celui qui les aura contractées ou du chef duquel elles proviendront.

Le futur époux aura l'administration des biens, meubles et immeubles, de la future épouse, et les fruits et revenus de ces biens appartiendront au futur époux, le tout dans les termes des articles 1530 et suivants du Code civil.

---

49 Adoption de la séparation de biens.

Il y aura séparation de biens entre les futurs époux, conformément aux dispositions des articles 1536 et suivants du Code civil. *Il peut y avoir lieu d'ajouter* : sauf l'effet de la dotalité partielle indiquée ci-après, art. 2, *ou* sauf l'effet des stipulations d'emploi et de remploi prévus art. 2.

Les futurs époux ne seront pas tenus des dettes l'un de l'autre, créées avant ou pendant le mariage ; ces dettes seront acquittées par celui des époux qui les aura contractées ou du chef duquel elles proviendront sans que l'autre époux puisse en être chargé.

Chacun d'eux conservera la propriété des biens, meubles et immeubles, qui lui appartiennent, et de ceux qui pourront lui advenir par succession, donation, legs ou autrement.

Chacun d'eux aura la jouissance libre de ses revenus, sauf ce qui sera dit ci-après pour la contribution aux charges du ménage.

La future épouse aura l'entière administration de ses biens, meubles et immeubles, avec le droit de disposer de son mobilier et de l'aliéner comme bon lui semblera (sauf l'effet de la convention faite article , *voir* la formule 51). Elle pourra, sur sa simple signature, sans le concours de son mari, recevoir tous remboursements même avant l'échéance, et généralement toutes sommes qui peuvent et pourront lui être dues, faire tous transports, consentir toutes subrogations avec ou sans garantie, vendre toutes rentes sur l'État français, actions de la Banque et autres valeurs mobilières; *il peut y avoir lieu d'ajouter :* sauf ce qui sera dit ci-après art. ; passer, renouveler et résilier tous baux, donner toutes quittances et décharges, consentir, avec ou sans payement, tous désistements et mainlevées; en tout état de cause, traiter, transiger, compromettre sur ses droits mobiliers quels qu'ils soient.

Il peut y avoir lieu d'ajouter :

En outre (1), le futur époux donne son consentement à ce que la future continue, sous son nom de demoiselle, le commerce qu'elle exerce, sans (2) toutefois par ce fait vouloir encourir ni garantie ni **50** Autorisation à la future de faire le commerce.

---

(1) Il est prudent de faire afficher cette autorisation au tribunal de commerce du lieu de situation de l'établissement commercial de la future, par analogie avec les prescriptions édictées pour le mineur émancipé dans l'article 2 du Code de commerce. Cette publication peut être accomplie en insérant ce consentement du futur dans l'extrait du contrat de mariage qui doit être affiché audit tribunal pour faire connaître, d'après l'art. 67 du Code de commerce, le régime adopté par la future épouse, déjà commerçante.

(2) Si le futur époux est appelé à prendre une part dans les bénéfices, même lors de la dissolution du mariage par application de la formule n° 54, il ne faut pas reproduire la fin de cet alinéa qui serait contraire à l'article 5 du Code de commerce.

responsabilité autre que celles exprimées sous l'art.   du présent contrat.

---

51 Concours obligé du mari pour disposer des capitaux.

On peut avoir à s'arrêter après : *la future aura l'entière administration de ses biens meubles et immeubles*, et dire : *sauf ce qui va être exprimé.* — Il demeure expressément convenu que la future épouse ne pourra, sans le concours et la signature de son mari, disposer de ses capitaux, rentes, actions ou créances de toute nature, ni conséquemment les aliéner sous aucune forme.

---

52 Remploi obligatoire.

Nonobstant l'adoption du régime de la séparation de biens, la future épouse agissant soit seule, soit avec le concours de son mari, devra faire emploi en son nom, avec mention de l'obligation successive de remploi, des sommes par elle apportées en mariage et des capitaux qui lui adviendront durant le mariage par remboursement, aliénation, donation, legs ou autrement. Toutes valeurs au porteur devront être converties en titres nominatifs ou aliénées pour être représentées par des capitaux soumis à emploi. — Ces emploi et remploi (*voir la formule du régime dotal, sauf à remplacer l'expression* BIENS DOTAUX *par* BIENS SOUMIS A EMPLOI).

---

53 Dotalité de certains des biens de la future.

Nonobstant l'adoption du régime de la séparation de biens, les futurs époux conviennent de frapper de dotalité et de soumettre aux conditions d'emploi ci-après déterminées (*définir*).

Les fruits et revenus de ces biens dotalisés, reçus par le futur époux, serviront à acquitter d'autant la part contributive de la future dans les charges du mariage (voir au régime dotal, formule n° 81, et à la réserve de paraphernalité n° 79).

---

54 Société entre les époux.

Nonobstant l'adoption du régime de la séparation de biens, il est convenu qu'il y aura entre les futurs époux une société qui comprendra, savoir :

ACTIVEMENT

. . . .

PASSIVEMENT,

. . . .

Les bénéfices de cette société appartiendront par moitié à chacun des époux et à leurs héritiers ou représentants, et les pertes seront supportées dans la même proportion, sauf la faculté qui sera ci-après réservée à la future épouse et à ses héritiers de renoncer à ladite société.

On peut stipuler des parts inégales ou une attribution complète au survivant.

Les futurs époux mettent en commun :

1° Les habits, linges, hardes et bijoux du futur époux ; **55** Autre société moins étendue.

2° Les habits, linges, hardes et bijoux de la future épouse, qui ont été mentionnés sous le n° de l'article ;

3° Tous les meubles meublants et objets mobiliers quelconques de chacun d'eux, autres que deniers comptants, rentes, créances ou valeurs de même nature dans l'acception de l'article 536 du Code civil, ainsi que ceux qu'ils pourront acheter ou qui pourront leur advenir par succession, donation ou legs, durant le mariage;

4° Et les économies qui au jour de la dissolution du mariage, pourront, se trouver réalisées par chacun d'eux, sans que cette éventualité de profits à partager puisse atténuer l'indépendance de chaque époux dans son administration et occasionner aucun compte durant le mariage.

Comme convention de mariage, il est stipulé que le survivant des futurs époux, quel qu'il soit, sera propriétaire, sans avoir aucune somme à compter à ce sujet, de ces divers objets autres que les habits, linges, hardes et bijoux à l'usage corporel du prémourant; lesquels objets exceptés dépendront de la succession de ce dernier.

Ou bien ne sont pas compris dans les stipulations du présent article tous objets mobiliers qui adviendront à l'un ou à l'autre des époux, par succession, donation ou legs pendant le mariage, pourvu que ces objets soient constatés et détaillés dans un inventaire ou autre acte en bonne forme, ni les économies que chacun d'eux aura pu réaliser durant le mariage.

56 Société pour le mobilier proprement dit.

Les futurs époux mettent en commun les meubles meublants et objets mobiliers que chacun d'eux possède à la ville et à la campagne, dans l'acception de l'article 536 du Code civil, ainsi que ceux qui adviendront à chacun d'eux durant le mariage pour quelque cause que ce soit, mais le tout autre que les effets à leur usage corporel et autre que deniers comptants, rentes, créances, actions ou valeurs semblables.

Ce mobilier commun appartiendra à chacun des époux par moitié. Le survivant aura la faculté de conserver en nature tout ou partie de la moitié appartenant au prémourant, en tenant compte aux héritiers du prédécédé de la valeur des objets conservés d'après la prisée qui sera faite à cette époque.

Et comme le mobilier apporté par la future se trouve en ce moment supérieur en valeur à celui apporté par le futur époux, la future ou les représentants auront à prélever, lors du compte à faire de la prisée du mobilier commun, une somme de représentant la plus-value du mobilier actuel de la future.

---

57 Présomption de propriété sur le mobilier et sur le bail et convention à ce sujet.

Chacun des époux sera réputé de droit propriétaire des habits, linges, hardes et bijoux à son usage corporel, sans qu'il ait aucune justification à fournir à cet égard.

Quant à tous autres objets mobiliers, exception faite bien entendu des deniers comptants, créances, rentes, actions ou valeurs semblables, ils seront réputés appartenir et appartiendront au survivant des époux à la charge de tenir compte aux héritiers du prémourant, d'après la prisée de l'inventaire qui sera fait lors du décès de ce dernier, de la valeur des objets mobiliers advenus au prémourant pendant le mariage par succession, donation ou legs, ou de ceux dont la propriété serait justifiée appartenir audit prémourant par factures de marchands ou autres titres.

Cette formule peut remplacer les formules de société qui précèdent et a sur elles l'avantage de ne point faire courir de risques à la femme pour le mobilier qui lui appartient. — Dans une société, le mari peut vendre le mobilier, seul, sans la volonté ou contre la volonté de sa femme.

Les valeurs au porteur et écus seront réputés appartenir à celui des époux qui les tiendra dans son portefeuille ou dans tout meuble à son usage particulier, sauf la preuve du contraire réservée à qui de droit. — Tous titres nominatifs appartiendront nécessairement au titulaire.

Les lieux qu'habiteront les futurs époux seront toujours présumés loués à , à moins de preuve contraire autre que les quittances de loyers ou d'impôts. *Ou bien :* Le survivant aura la faculté de conserver pour son compte le bail des lieux occupés par les époux, tant à la ville qu'à la campagne, à la charge d'en payer les loyers et d'en exécuter les conditions en l'acquit des héritiers du prémourant, et à la condition de faire connaître son option auxdits héritiers dans les six mois qui suivront le prédécès. — A défaut d'option par le survivant pour la conservation de l'un de ces baux, les charges de cette location pendant toute sa durée seront supportés par moitié entre le survivant et les héritiers du prédécédé, quand bien même le bail se trouverait fait au nom de l'un des deux époux seulement.

Le linge à la marque de la future épouse, l'argenterie portant son chiffre ou celui de sa famille, et les effets, bijoux et autres objets servant à son usage personnel, seront réputés de plein droit lui appartenir sans qu'elle soit obligée d'en constater la propriété par aucun titre. **58** Autre.

En outre, les objets mobiliers décrits en un état représenté par la future épouse et ci-annexé appartiendront particulièrement à la future et lui sont à cet effet réservés.

Quant à tous autres objets mobiliers sur lesquels la future épouse ne pourra pas prouver sa propriété par des quittances d'ouvriers, de fournisseurs, de marchands ou par d'autres titres, ils seront censés acquis des deniers du futur époux et lui appartiendront, à l'exception, bien entendu, des deniers comptants, créances, rentes et autres valeurs semblables.

On peut ajouter ce qui suit :

Pour le cas où l'un ou l'autre des objets mobiliers (*qui ont été apportés en mariage par la future épouse, ou de ceux qui lui adviendront pendant le mariage par succession, donation ou legs, et dont l'existence en même temps que la valeur auraient été constatés par inventaire en bonne forme*) ne se retrouverait pas en nature lors de la dissolution du mariage, il est convenu que la future épouse ou ses héritiers auraient droit, en remplacement des objets manquants, au montant de la prisée desdits objets d'après lesdits inventaire ou état. (*Voir la donation formule n° 226, qui peut être stipulée comme convention de mariage*).

Les valeurs au porteur, etc. (*Comme en la formule précédente.*)

Les lieux, etc. (*Comme à la formule précédente.*)

Cette ormule peut être complétée par celle qui suit :

59
Attribution du mobilier à la future épouse survivante.

La future épouse, en cas de survie, deviendra propriétaire, par le fait seul du décès du futur époux, de tous les objets mobiliers autres que deniers, titres, rentes et créances de toute nature (dans l'étendue de l'art. 536 du Code civil) qui existeront lors du décès du futur époux, dans les habitations de ville et de campagne des époux, à la charge de tenir compte de la valeur de ces divers objets, d'après la prisée de l'inventaire qui sera fait après ledit décès, et de compenser jusqu'à due concurrence la somme dont elle se trouvera débitrice en vertu du présent article, avec toute somme dont elle se trouvera créancière du futur époux.

On peut désirer ajouter :

Toutefois il est fait réserve, au profit des héritiers du futur époux, de la propriété des habits, linges, hardes, bijoux, effets mobiliers à son usage corporel, armes, chevaux de selle et harnais.

Il peut arriver que la future épouse, en se mariant, ne veuille conserver la propriété que des objets mobiliers à son usage corporel, et qu'elle veuille abandonner au futur époux les autres objets mobiliers dont elle se trouve propriétaire à ce moment, et qui vont, pendant le mariage, servir à leur usage commun en se détériorant par cet usage, comme aussi il peut arriver que la future épouse ne veuille pas faire un état détaillé des objets mobiliers réservés.

On donnerait alors à la formule le titre de PRÉSOMPTION DE PROPRIÉTÉ ET CONVENTION SUR LE MOBILIER ET SUR LE BAIL. *On copierait cette formule jusqu'aux mots* appartiendront au survivant *qu'on remplacerait par les mots* appartiendront au futur époux, *et l'on dirait ensuite :*

60 Abandon immédiat par la future au futur pour une somme fixe de son mobilier sauf les objets à son usage

La future épouse ne se réserve la propriété complète, dans son mobilier présent et futur, que des habits, linge, hardes, dentelles et bijoux qui sont actuellement ou pourront être employés à son usage corporel; quant à tous autres objets mobiliers qui appartiennent à la future épouse, ils deviendront, par le seul fait du mariage, la propriété du futur époux pour l'estimation qui leur a été donnée sous le n° 2 de l'art.   , et quant à tous autres objets de cette nature qui adviendront à la future épouse, pendant le mariage, par succession, donation ou legs, ils deviendront également de plein droit la propriété du futur époux pour le montant de la prisée qui en sera faite dans l'inventaire qui sera dressé à l'époque de cet événement.

Si l'on veut donner à la femme, en cas de survie, la tranquillité que le mari survivant trouverait dans la propriété du mobilier que lui assure la stipulation précédente, on peut ajouter sous le même article :

Ici la formule précédente jusqu'aux mots CAMPAGNE DES ÉPOUX *et terminer ainsi :* sans avoir à tenir compte d'aucune somme à ce sujet, mais à la condition de ne rien réclamer aux héritiers du futur époux des sommes dont ce dernier se trouverait débiteur envers elle, en vertu du paragraphe précédent. *Pour les valeurs au porteur et pour le bail, voir* formule n° 57).

Dans l'apport de la future on devra, par corrélation, s'exprimer ainsi :

LA FUTURE APPORTE EN MARIAGE :

I. — Ses habits, linge, hardes, bijoux, dentelles et autres objets à son usage corporel, dont il est inutile de fournir état et estimation, attendu que la propriété reste établie à son profit par présomption contractuelle.

II. — La somme de   , en la valeur de divers objets mobiliers autres que deniers, titres, rentes et créances de toute nature, dont il n'est fait aucun état, attendu que la future épouse ou ses héritiers auront le droit de reprendre à ce sujet en deniers, lors de la dissolution du mariage, la somme qui vient d'être exprimée, ainsi qu'il sera stipulé sous l'*avant-dernier paragraphe de l'article*

Cette stipulation n'entraîne aucun droit d'enregistrement particulier.

61 Contribution aux charges suivant les revenus.

Les futurs époux contribueront aux charges du mariage dans la proportion de leurs revenus respectifs sans être assujettis à aucun compte entre eux, ni à retirer quittance l'un de l'autre.

62 Autre en cas de biens dotalisés.

Le futur époux encaissera sur sa simple signature, suivant la loi, les revenus de ceux des biens de la future qui ont été dotalisés sous l'art. . La future n'aura à contribuer par an , dans les charges du mariage, que pour un supplément de , payable au futur en quatre termes égaux de trois en trois mois.

63 Autre fixe pour le futur.

Le futur époux contribuera pour francs par an payables à la future épouse en quatre termes égaux de trois en trois mois, aux charges du mariage. La future supportera le surplus desdites charges sans être tenue d'y consacrer tous ses revenus, sur lesquels elle fera les économies que bon lui semblera.

64 Autre.

Les futurs époux contribueront aux charges du mariage chacun pour moitié sans être assujettis, etc. (*Comme en la formule* 61.)

65 Sur la responsabilité du futur époux.

Le futur époux ne sera responsable d'aucune somme payée à la future épouse hors sa présence, et il ne sera pas responsable davantage des sommes et valeurs étant ou advenant aux mains de la future épouse comme apport en mariage et par suite de successions, donations ou legs.

Mais si le futur époux donne son concours à la future pour l'encaissement du prix d'aliénation d'immeubles ou de remboursement de rentes et de capitaux, il ne sera déchargé que par le remploi à faire des sommes payées en sa présence. Ce remploi ne sera valable qu'autant qu'il aura été accepté par la future épouse. Mais, l'emploi effectué, le futur époux ne sera responsable ni de son utilité ni de ses suites. Cette obligation du reste ne concernera pas les tiers acquéreurs ou débiteurs de la future épouse, qui n'auront point à demander ce remploi et qui n'encourront aucune responsabilité à ce sujet. *Il peut y avoir lieu de dire le contraire quant aux tiers en renvoyant à l'un des articles du con-*

trat. — A défaut de remploi des sommes ainsi touchées en présence du futur, le futur époux ou ses héritiers seront tenus de rembourser à la future épouse ou à ses héritiers le montant desdites sommes.

---

66 Sur les engagements contractés par la future épouse.

La future épouse ou ses héritiers seront garantis ou indemnisés par le futur époux ou ses représentants de toutes les dettes qu'elle aura pu contracter pour lui pendant le mariage.

---

67 Adoption du régime dotal.

Les futurs époux adoptent pour loi de leur mariage le régime dotal tel qu'il est établi par le Code civil, sauf les modifications résultant des articles ci-après (1).

Lorsqu'il y aura une société d'acquêts, il est bon d'ajouter de suite après ces mots CODE CIVIL, et ils établissent entre eux une société d'acquêts, le tout, etc. (*Terminer comme il vient d'être dit.*)

---

68 Adoption mixte du régime dotal et de la communauté.

Lorsque le futur époux est négociant, il désire que dans les publications à faire de son contrat de mariage, l'indication du régime dotal soit atténuée par l'expression d'une somme ou de biens soumis aux risques de son administration personnelle. Cela importe souvent à son crédit. — On peut lui donner satisfaction et même quelquefois ajouter à son crédit si l'expression du chiffre de la portion de biens non dotalisée est importante. Voici en ce cas la formule à employer sous l'article 1er avec la simple rubrique : Régime.

Les futurs époux soumettent aux règles de la communauté la somme de 300,000 fr. montant de la dot de la future épouse, son trousseau et les meubles, etc. (*Voir formule, n° 75*), ces somme, trousseau et meubles, sont réservés propres à la future épouse, mais ils sont placés sous l'administration libre du futur sans aucune obligation d'em-

---

(1) Il ne faut pas oublier que sous le régime dotal tous les biens de la femme sont, *en principe*, paraphernaux, soumis à son administration et à sa jouissance, aliénables, *à l'exception* de ceux qui ont été expressément constituées en dot (**1574, 1576, 1551, 1552**).

ploi, et ils ne seront conservés que dans les termes de droit par l'action personnelle et par l'hypothèque légale.

Les futurs adoptent pour loi de leur mariage le régime dotal dans les termes qui vont être indiqués, et ils établissent entre eux une société d'acquêts.

69
Dotalité de tous biens présents et à venir sauf, dans le présent, le trousseau, et, dans l'avenir les objets mobiliers susceptibles d'être prisés.

Tous les biens meubles et immeubles présents et à venir de la future seront dotaux, à l'exception de son trousseau et des meubles qui se trouveront dans les dons, legs et successions qui lui adviendront, suivant la portée donnée à cette expression par l'art. 536 du Code civil.

70
Dotalité seulement des biens à venir, avec soumission des biens présents au régime de la communauté.

S'il y a lieu de supprimer le mot présents *dans la formule qui précède, il faut dire :* Quant à ses biens présents, qui consistent notamment en la dot qui va lui être constituée par ses père et mère, ils seront soumis au régime de la communauté sans aucune obligation d'emploi, mais ils sont réservés propres à la future épouse.

71
Dotalité d'une somme fixe ou d'un objet déterminé sur les biens présents et de la totalité des biens à venir.

Une somme de   à prendre sur la constitution de dot de la future, *ou* l'immeuble de   compris sous le n°   de l'apport de la future, ainsi que la totalité de ses biens à venir, sauf l'exception qui va être indiquée, seront frappés de dotalité ; quant à tous autres biens présents de la future et quant aux meubles qui se trouveront dans les dons, legs et successions qui lui adviendront suivant la portée donnée à cette expression par l'article 536 du Code civil, ils seront soumis au régime de la communauté sans aucune obligation d'emploi, mais ils sont réservés propres à la future épouse.

72
Dotalité d'une somme fixe sur biens à venir, avec soumission au régime de la communauté 1° du surplus des biens à venir 2° de la totalité des biens présents.

Une somme de   , à prendre sur les biens à venir de la future épouse, sera seule frappée de dotalité ; quant au surplus de ses biens à venir et quant à tous ses biens présents, ils seront soumis, etc.

Ce fonds dotal sera formé d'abord en immeubles autres que château et bois, et, en cas d'insuffisance, en créances et valeurs mobilières.

Pour la fixation et le choix, s'il y a lieu, des immeubles, créances et valeurs mobilières qui, dans l'ordre précité, seront dotaux, il ne sera besoin ni de partage judiciaire ni d'expertise, à moins que la future ne soit seule héritière ou seule légataire universelle sans contradicteur copartageant. — La valeur, en dehors de ce cas exceptionnel ci-après réglé, résultera de l'estimation amiable donnée par la future et ses copartageants dans les liquidations, partages ou autres actes qui feront cesser l'indivision, et le choix de la valeur dotalisée résultera de l'indication faite par la future épouse dans lesdits actes. Dans le cas exceptionnel où, au contraire, la future épouse serait seule héritière ou seule légataire universelle sans contradicteur copartageant, l'estimation et le choix des biens affectés audit fonds dotal seront déterminés par un notaire que choisira sur simple requête le président du Tribunal civil du domicile des époux. Ces estimations et choix seront constatés dans un acte authentique spécial.

Une fois cette fixation faite et constatée par acte authentique, tous les biens à venir de la future épouse seront, comme ses biens présents, affranchis de toute dotalité et de toute obligation d'emploi. Les tiers traitant pour ces biens affranchis n'auront à demander que la justification dudit acte de constat, sans avoir à suivre l'exécution donnée à ce dernier acte.

73
Dotalité de tous les biens à venir, à l'exception d'une somme de , qui, avec les biens présents, est soumise au régime de la communauté.

Tous les biens à venir de la future épouse seront dotaux, à l'exception : 1° d'une somme de qui sera déterminée de la manière indiquée ci-après, 2° et des meubles qui se trouveront, etc. Quant à ces sommes et objets mobiliers, ainsi qu'à tous les biens présents de la future, ils seront soumis, etc.

Pour la fixation des créances, valeurs mobilières et immeubles qui dans les biens à venir de la future ne seront point frappés de dotalité jusqu'à concurrence de ladite somme de , il ne sera besoin ni de partage judiciaire, etc. *(Pour la suite de la rédaction, voir formule précédente.)*

74
Dotalité d'une quotité seulement des biens à venir.

La moitié seulement des biens à venir de la future épouse, meubles et immeubles, seront dotaux, à l'exception des meubles qui se trouveront, etc. Quant à l'autre moitié des biens à venir et quant à la totalité des biens présents, ils seront soumis, etc.

Pour la fixation, etc. *(Suite à prendre dans la formule n° 73).*

75 Dotalité sous le régime de la communauté d'une partie des biens de la future.

Lorsque les deux familles reconnaissent la nécessité d'assurer la conservation d'une partie des biens de la femme, pour mettre les époux et les enfants à naître du mariage à l'abri des revers de fortune qui ne sont que trop fréquents, même dans les ménages les plus unis, et lorsque ces sentiments de prévoyance sont insuffisants pour dominer la répulsion du futur époux contre l'adoption du régime dotal, régime qui est mal apprécié dans l'opinion publique, parce qu'on ignore les modifications qui peuvent en écarter tous les inconvénients et n'en retenir que les conséquences utiles, on est amené à prendre pour dénomination et pour principe général du contrat le régime de la communauté, sauf à y introduire une exception qui dotalise une partie de la fortune de la femme, ce qui est réalisé de la manière suivante :

Art. 1er. Les futurs époux adoptent le régime de la communauté tel qu'il est établi par le Code civil, sauf les modifications résultant des articles ci-après, notamment sauf l'effet de l'art. 4, qui modifie la portée de ce régime sur une partie des biens de la future épouse, *ou* qui règle le sort des biens à venir de la future.

Art. 2. — *Exclusion des dettes.*

Art. 3. — *Réserve des propres.*

Art. 4. Nonobstant, l'adoption du régime de la communauté, les futurs époux soumettent au régime dotal et frappent spécialement de dotalité (*définir*).

Quant à tous autres biens présents et à venir de la future épouse, ils seront placés sous l'administration libre des époux sans aucune obligation des emplois ci-après déterminés.

---

§ I. — ADMINISTRATION ET ALIÉNATION DES BIENS DOTAUX

76 Dispositions communes aux divers cas de dotalité, sauf à simplifier la rédaction lorsque la dotalité ne porte que sur une somme fixe ou sur un bien déterminé.

Le futur époux aura, conformément à la loi, l'administration des biens dotaux et le droit d'en percevoir seul les revenus.

Quand on doit réserver à la future épouse le droit de toucher une partie de ses revenus, il y a lieu d'ajouter de suite : Sauf l'effet des stipulations dont il va être parlé sous l'art.

Quant aux capitaux, ils ne seront reçus avant ou à leur exigibilité que sur la quittance collective des deux époux, et il en sera fait immédiatement emploi de la manière ci-après indiquée, à moins qu provisoirement jusqu'à ce remploi, il ne convienne aux futurs époux ou aux débiteurs d'en faire le dépôt à la caisse des consignations.

Toutes valeurs au porteur seront assimilées aux capitaux. Elles devront être converties en titres nominatifs ou aliénées pour être représentées par des capitaux soumis à emploi.

Les futurs époux pourront vendre et liciter de gré à gré ou aux enchères, même échanger tous biens dotaux, traiter et transiger sur ces mêmes biens et droits, compromettre, procéder à tous comptes, liquidations et partages, et généralement faire au sujet desdits biens et droits toutes les stipulations permises par la loi à une personne majeure, mais à la charge expresse de faire emploi de toutes sommes provenant de ces biens.

La future épouse pourra : 1° en s'obligeant, soit seule dans des obligations personnelles qu'elle contracterait en vertu d'une autorisation régulière, soit solidairement avec son mari par son concours à des emprunts ou à des aliénations que ferait son mari, engager la portion de ses biens non frappée de dotalité, ainsi que sa part dans la société d'acquêts ci-dessus stipulée; 2° et en subrogeant dans l'effet de son hypothèque légale sur les biens immeubles propres ou conquêts de son mari, aliéner indirectement l'exercice utile de cette hypothèque pour le payement de ses reprises dotales ou non dotales; mais la future épouse ne pourra par cette voie ou par toute autre engager directement ses biens dotaux. Les tiers ne pourront jamais acquérir aucun droit sur lesdits biens dotaux.

Dans les successions ou legs qui adviendront à la future, l'actif net soumis à remploi sera déterminé par le résultat du compte d'administration de ces successions et legs, et le choix de la personne chargée de cette administration appartiendra aux parties ou, à défaut d'accord entre elles, au président du tribunal civil du lieu de l'ouverture desdites successions.

§ II. — EMPLOI DES DENIERS DOTAUX, ET CONDITIONS RELATIVES AUX TIERS

Toute somme dotale ou valeur au porteur de même nature, qui ne pourrait être transformée en titre nominatif, devra être immédiatement remployée au nom de la future, en telle valeur mobilière ou immobilière, en France *ou à l'étranger*, qui conviendra à la future.

Si l'on ne veut pas laisser une si grande liberté, on peut dire : Soit en acquisition d'immeubles bâtis, productifs et non industriels dans Paris, soit en acquisition de biens ruraux autres que château, soit en rente sur l'État français, actions et obligations nominatives de la Banque de France, du Crédit foncier de France, et de chemins de fer de grandes lignes françaises, soit en autres valeurs nominatives garanties par l'État ou par la ville de Paris, soit en placement en premier rang par privilége ou hypothèque sur des immeubles présentant, d'après leur prix principal d'acquisition, ou d'après une expertise semblable à celle dont il sera ci-après parlé, une valeur double de la somme à placer, — *soit à l'acquit* (*dans les rang hypothécaire et valeur de biens sus-exprimés*) *des dettes grevant les biens du futur époux* (1), — soit enfin à de grosses réparations ou améliorations sur les immeubles dotaux, pourvu que l'utilité de ces grosses réparations ou améliorations soit antérieurement constatée par deux experts choisis par justice et opinant d'accord entre eux.

Il est bien entendu : 1° que les deniers dotaux pourront être employés à l'acquit des dettes qui seraient personnelles à la future comme grevant les successions, donations ou legs qui adviendront à la future, pourvu que ces dettes soient justifiées par inventaire ou autre acte en bonne forme; 2° et que les frais d'enregistrement auxquels donnera lieu la constitution de dot faite à la future dans le présent contrat, ainsi que les frais en déboursés et honoraires qui seront occasionnés par lesdits emplois, successions, donations ou legs, seront considérés eux-mêmes comme remplois.

Exceptionnellement, pour les cas où le futur aurait, dans le partage d'une ou de plusieurs successions, des soultes à payer, en argent, à ses cohéritiers, pour des immeubles qui lui seraient attribués, les deniers dotaux de la future pourraient être employés, jusqu'à concurrence de la somme de   , au payement de ces soultes, pourvu que ce payement soit déclaré dans un acte en suite du contrat de mariage, de manière à prouver, en tout temps, que la limite de la somme qui vient d'être fixée n'a pas été dépassée, et pourvu que la future soit subro-

(1) Ce mode d'emploi doit être évité autant que possible, car il ne donne pas à la future une garantie satisfaisante. Il suffit, en effet, que les inscriptions hypothécaires existant contre le mari ne soient pas renouvelées par le mari, qui se trouve en même temps le débiteur et l'administrateur de la créance acquise à la femme, pour que les garanties du remploi disparaissent.

gée dans les priviléges et inscriptions attachés à la soulte remboursée.

Les primes et lots qui pourraient échoir aux valeurs acquises en remploi seront propres à la future et soumis, comme biens dotaux, à l'obligation de remploi, *ou bien* seront réputés bénéfices de la société d'acquêts et seront conséquemment encaissés par le futur sans aucun remploi.

Ces divers emplois et remplois, qui pourront indifféremment précéder de peu de temps ou suivre l'aliénation des biens dotaux, NE SERONT VALABLES QU'AUTANT qu'ils seront acceptés formellement par la future, et que les titres (QUI DEVRONT ÊTRE INSCRITS AU NOM DE LA FUTURE) feront mention de la liberté d'aliéner à charge de remploi.

Les ventes d'immeubles faites par la future seront définitives, lors même que le remploi n'aurait pas été effectué avant la dissolution du mariage, pourvu que les acquéreurs représentent leur prix.

En cas de vente ou d'achat, par le ministère d'agent de change, de valeurs soumises à emploi, les débiteurs ou détenteurs de deniers dotaux ne seront valablement libérés que par la remise qu'ils en auront faite dans la caisse et sur la quittance de l'agent de change choisi par la future épouse.

En tous autres cas, les débiteurs ou détenteurs de deniers dotaux ne seront valablement libérés ou déchargés qu'en versant ces deniers dans les mains des ayants droit, suivant la nature du remploi à réaliser, sans avoir à se constituer juges de son utilité, pourvu que ce remploi soit effectué, en fait, dans les conditions ci-dessus indiquées.

Ces emplois matériels étant accomplis, ou ces versements étant réalisés pour accomplir ces emplois, lesdits débiteurs et détenteurs ne seront exposés à aucune responsabilité ultérieure. Quant au Trésor et à toutes autres administrations sur lesquelles s'effectueront ces transferts, ils n'encourront aucune responsabilité et ne pourront, par suite, demander de justifications.

Tous les biens, meubles et immeubles échangés ou achetés en remploi de biens dotaux dans les conditions prévues ci-dessus seront dotaux.

Les futurs époux disposeront librement, sans aucune obligation d'emploi ou de remploi, de ceux des biens de la future épouse qui dans les dispositions qui précèdent n'ont pas été frappés de dotalité, *ou bien, s'il y a lieu, afin d'être autant que possible très-précis*, des apports et dot de la future qui constituent ses biens présents, et des biens et valeurs qui en seront la représentation.

77 Tous les biens à venir de la future épouse seront dotaux, mais tous ses biens présents, ensemble ceux qui vont lui être donnés en considération du mariage, seront paraphernaux.— La future épouse aura l'administration des biens paraphernaux sans être tenue de rendre compte des fruits et revenus.

Lorsqu'il y a société d'acquêts, il est bon d'ajouter : Et les économies faites sur ces fruits et revenus tomberont dans la société d'acquêts ci-dessus stipulée.

Voir pour l'administration, soit du mari, soit de la femme, les formules de la séparation de biens.

---

78 Tous les biens présents et à venir de la future épouse seront dotaux, à l'exception de son trousseau et d'une somme de sur ses biens présents, lesquels trousseau et somme de seront paraphernaux et seront indiqués ci-après sous les n^{os} de l'apport en mariage de la future épouse.

Nonobstant cette stipulation de paraphernalité, le futur époux aura l'administration de ladite somme de , sans être tenu d'en rendre compte durant le mariage, et les fruits ou revenus que cette somme produira tomberont dans la société d'acquêts ci-dessus stipulée.

---

79 La future épouse se réserve, à titre paraphernal, l'administration des biens composant ses apports et dot ci-après détaillés et de tous ceux qui pourront lui advenir par succession, donation, legs ou autrement, ainsi que la jouissance libre des revenus de ces biens, pour en faire tel emploi qu'elle avisera. La portion non employée de ces revenus ou les emplois utiles de ces revenus tomberont dans la société d'acquêts ci-après réglée. — Mais cette stipulation de paraphernalité ne porte ni directement ni indirectement sur le capital des biens dont l'administration est ainsi réservée à la future.

Cette clause de paraphernalité de revenus a une portée des plus graves, car elle constitue sous le régime dotal, à côté d'une société d'acquêts, une véritable séparation de biens, puisque la femme administre seule ses revenus et en fait tel emploi que bon lui semble, sauf à laisser tomber dans la société d'acquêts l'excédant des revenus sur les dépenses.

A la différence du régime de la séparation de biens, qui permet à la femme de disposer de ses valeurs mobilières et conséquemment de les perdre, cette clause ne met pas obstacle aux conséquences de la dotalité de biens de la femme, en sorte que ni la femme ni le mari ne peuvent, malgré leur indépendance respective quant aux revenus, compromettre le capital des biens dotaux de la femme.

Lorsque cette clause de paraphernalité sera exceptionnellement adoptée, il y aura lieu de modifier le 1er alinéa du § 1er formule 76 et d'y substituer l'alinéa suivant :

L'administration des biens dotaux sera réglée par l'article du présent contrat.

80
Société d'acquêts.

La société d'acquêts ci-dessus stipulée sera composée des bénéfices et économies que les futurs époux pourront faire pendant le mariage, soit ensemble, soit séparément, tant en meubles qu'en immeubles, conformément aux dispositions des art. 1498, 1499 et 1581 du Code civil.

Le partage de cette société se fera par moitié entre les époux.

Chacun des époux aura le droit de prélever, avant tout partage des biens de cette société d'acquêts, ses apports en mariage et dot, ensemble tout ce qu'il aura recueilli pendant le mariage, tant en meubles qu'en immeubles, par succession, donation, legs ou autrement, ainsi que toutes autres créances, reprises et indemnités qu'il pourrait avoir à répéter, le tout soit en deniers, soit en nature. Et il est convenu, etc. (*Voir ci-dessus formule n° 4.*)

En outre, il est bien entendu que la société d'acquêts ne sera aucunement tenue des dettes antérieures au mariage ou grevant les biens qui adviendraient à l'un des époux pendant le mariage ; ces dettes seront au contraire acquittées par celui des époux qui les aura contractées ou du chef duquel elles proviendront, sans que l'autre époux, ses biens ni sa part dans la société d'acquêts en puissent être tenus.

81
Réserve sur une partie à capitaliser des revenus de la future.

Lorsqu'il n'est pas stipulé de société d'acquêts, et que cependant la fortune de la future se trouve supérieure à celle du futur, comme aussi s'il existe dans les biens de la femme des rentes viagères, des usufruits, ou des actions industrielles de simple jouissance, il peut y avoir lieu de stipuler une réserve, au profit de la future, de capitalisation de propres dans les termes suivants :

Indépendamment des biens dont la propriété est réservée à la future.

la future épouse se réserve propre ce qui pourra lui advenir de tous produits et dividendes. (*Spécialiser.*)

Ces produits et dividendes seront encaissés par le futur, qui en deviendra débiteur vis-à-vis de la future ou des siens. Le futur n'en sera déchargé que par l'emploi qu'il s'oblige à en faire au nom de la future en valeurs acceptées par elle à cette époque, sans toutefois que les débiteurs desdits produits ou dividendes puissent avoir à demander ce premier emploi *ou* à demander aucune justification d'emploi. — Mais, une fois ce premier emploi effectué, les valeurs acquises seront frappées de dotalité et ne pourront plus être aliénées que dans les conditions stipulées sous l'art.

(*Voir formule n° 76.*)

82
Autre réserve sur les revenus de la future, qui l'encaissera.

Il peut y avoir lieu de dire :

La future épouse touchera sur sa simple quittance pour en faire tel emploi qu'elle jugera convenable, sans avoir à les dépenser pour son entretien personnel, qui restera, comme l'entretien du futur époux et celui des enfants à naître, une charge de mariage :

1° La somme annuelle de   sur ses revenus *ou les revenus de tels biens*,

2° Et tous fruits et revenus de la succession future de Monsieur son père.

Il peut y avoir lieu de dire :

Les valeurs que la future pourra acquérir avec cette portion de revenus seront paraphernales, et il en sera fait mention sur le titre de ces valeurs.

83
Limitation de l'hypothèque légale de la future épouse.

Il est convenu que l'hypothèque légale de la future épouse pour ses biens présents et à venir ne frappera que sur les immeubles ci-après désignés, auxquels elle est limitée de convention expresse, savoir :

. . . .

En conséquence, tous les autres immeubles présents et à venir du futur époux seront affranchis de cette hypothèque, et les acquéreurs, échangistes ou autres ayants droit sur ces immeubles, ne pourront jamais être inquiétés par la future épouse.

Cette stipulation n'est permise par la loi que dans des conditions très-

étroites qu'il serait dangereux d'étendre. Ainsi, d'après l'article 2140 *du Code civil et d'après un arrêt de la cour d'appel de Paris du* 27 *juillet* 1850, *elle serait nulle si l'un des futurs se trouvait mineur; d'après un arrêt de la cour de cassation du* 18 *août* 1856, *une limitation qui n'est pas clairement expliquée peut ne s'appliquer qu'à la fortune présente, et, d'après un arrêt de la cour de cassation du* 5 *mai* 1852, *la translation de l'hypothèque d'un immeuble sur un autre immeuble, quelles que soient les garanties d'expertise dont le contrat de mariage ait entouré cette translation, ne serait pas permise. Pourrait-on, dans l'intérêt de la femme, stipuler, à la suite d'une convention restrictive de son hypothèque légale, que durant le mariage le mari lui fournirait une hypothèque supplémentaire dans des cas déterminés? Nous sommes pour l'affirmative* (2131 *du Code civil*), *si cette convention subsidiaire était ainsi libellée :*

Toutefois, si pendant la durée du mariage, l'immeuble sur lequel l'hypothèque légale de la future a été réservée devenait insuffisant pour garantir à la future le payement de ses droits et reprises, soit par l'effet de sa destruction partielle, soit par suite de succession, donation ou legs advenu à la future, il pourra être donné par le futur à la future une hypothèque supplémentaire, qui sera naturellement conventionnelle, et qui n'aura d'effet, à l'égard des tiers, qu'à compter du jour de sa constitution particulière et de son inscription. Ce droit, ouvert, comme convention de mariage entre le futur et la future en faveur de cette dernière, ne pourra être réclamé que par elle personnellement, sans transmission possible à qui que ce soit, et les tiers n'auront ni à s'en prévaloir, ni à s'en inquiéter avant sa manifestation par l'inscription au bureau hypothécaire de la situation de l'immeuble.

Quoi qu'il en soit, et contre le vœu de la loi, qui dans l'article 2140 *interdit que l'on puisse convenir qu'il ne sera pris aucune inscription, il advient qu'à l'aide d'une stipulation restrictive de l'hypothèque légale de la femme, cette hypothèque peut devenir illusoire. La loi n'ayant exigé et n'ayant pu poser aucune proportion entre la valeur de l'immeuble sur lequel cette hypothèque se trouve réservée et l'importance de la fortune présente ou future de la femme, une simple parcelle de terre suffit à l'assiette de ce droit. Et si cette parcelle est vendue par le mari à un acquéreur qui purge l'hypothèque légale de la femme, cette hypothèque n'existe plus qu'à l'état d'abstraction. Des conséquences aussi graves et aussi inattendues ressortent des articles* 2143 *et* 2144 *du Code civil pour l'hypothèque légale de l'interdit et du mineur sur les biens de son tuteur datif ou testamentaire.*

---

84 Délai au profit du futur époux survivant.

Le futur époux SEUL, aura, en cas de survie, un délai de années, à partirdu jour du décès de la future, pour se libérer des sommes dont il sera débiteur envers les héritiers et représentants de cette dame. Il ne sera pas tenu de fournir caution, sans que cette dispense entraîne décharge de l'hypothèque légale de la future épouse, et il ne devra payer aucun intérêt pendant ce temps; mais, à partir de l'expiration de ce délai, il devra de plein droit des intérêts sur le pied de 5 pour 100 par an, de en mois, jusqu'à payement effectif.

---

85 Autre au profit du survivant.

L'époux survivant, QUEL QU'IL SOIT, aura un délai de années à partir du jour du décès du prémourant, pour rendre et payer aux héritiers et représentants de ce dernier les BIENS et CAPITAUX, tant en nature qu'en deniers, dont il n'aurait pas l'usufruit. Il ne sera pas tenu de fournir caution, sans que cette dispense entraîne décharge de l'hypothèque légale de la future épouse. Pendant la première année il ne payera aucun intérêt et il sera propriétaire des fruits et revenus des biens restituables en nature; mais passé cette première année il devra des intérêts en plein droit, sur le pied de 5 pour 100 par an, de toutes sommes dont il sera débiteur, et il sera comptable desdits fruits et revenus, le tout à régler de trois mois en trois mois.

---

86 Autre en cas de non existence d'enfant seulement, et limité quant à son objet.

En cas de prédécès de la future épouse sans enfant, le futur époux aura un délai de années à partir du jour du décès de la future épouse, pour rendre et payer aux héritiers de la future les biens et valeurs de cette dernière. (*Ou seulement :* les biens et valeurs apportés en mariage par la future, ensemble ceux qui lui ont été constitués en dot, ou les biens qui auraient été acquis en remploi. *Ou bien encore:* les biens et valeurs revenant à la future dans la communauté stipulée par le présent contrat, mais il n'aura aucun délai pour le payement et la restitution des biens propres de la future.)

Le futur époux ne sera tenu de payer aucun intérêt pendant, etc.

Et, pendant le même délai, les fruits et revenus de ceux desdits biens qui seraient restituables en nature appartiendront au futur époux.

87
Révocation de délai en cas de convol.

Ce délai sera révoqué de plein droit, et lesdits biens ou valeurs deviendront immédiatement exigibles du jour où le futur époux convolerait à de secondes noces.

88
Autre en cas de vente d'un fonds de commerce.

Ce délai cessera de plein droit, soit en cas de vente du fonds de commerce que les époux exploiteraient au jour du décès du prémourant, soit en cas de convol à de secondes noces.

89
Autre en cas de décès.

Ce délai, personnel au survivant, ne sera pas transmissible à ses héritiers ; en conséquence, il cessera de droit à partir du jour du décès du survivant.

90
Prolongation éventuelle de délai.

Dans le cas où le futur époux survivant serait *trésorier-payeur général des finances*, au jour du décès de la future épouse, ce délai serait prolongé jusqu'au jour où il cesserait d'exercer cette fonction.

91
En cas de secondes noces, sur les frais de nourriture et d'entretien.

La future épouse explique :

Que, devant perdre la jouissance légale des biens de ses enfants mineurs, à partir du jour de son mariage avec M.   , d'après l'art. 386 du Code civil, les frais de nourriture, d'entretien et d'éducation de ses enfants resteront, dans les termes de la loi, à la charge particulière desdits mineurs.

92
Autre.

Il est bien entendu que, tant que les enfants du premier mariage de la future épouse demeureront avec madame leur mère, les frais de nourriture et de logement qu'ils occasionneront seront à la charge commune, mais que la future épouse supportera seule les frais d'entretien et d'éducation de ces enfants.

93
Autre.

La future épouse déclare et convient, au regard du futur époux, sans préjudice du compte à en établir avec ses enfants, que, nonobstant la perte de sa jouissance légale, les frais de nourriture, d'éducation et d'entretien de ses enfants mineurs seront à la charge de la société d'acquêts ci-dessus stipulée, et elle déclare que, par délibération prise sous la présidence de M. le juge de paix du arrondissement de , le , en vue du futur mariage, elle a été maintenue dans la tutelle de ses enfants, avec adjonction du futur époux pour cotuteur.

94
Sur la nomination d'un cotuteur.

95
Réserve particulière de doter des enfants de premier lit.

Il est convenu que la future épouse pourra doter sur sa fortune personnelle chacun de ses enfants de premier lit pour un somme de , pour établissement par mariage ou autrement, sans avoir à en indemniser le futur par application de l'art. 1555 du Code civil.

96
Désistement partiel du droit de retour en cas de second mariage du donataire.

En considération du mariage, M. et Mme , père et mère de la future épouse, consentent à ce que le droit de retour qu'ils se sont réservé sur la dot de constituée par eux à cette dernière lors de son premier mariage aux termes d'un contrat passé devant M[e] notaire à , le , ne puisse être exercé au préjudice des enfants à naître du futur mariage, et ne puisse nuire à l'effet de la donation que la future épouse va faire ci-après au futur époux en usufruit avec dispense de caution et d'emploi. *Ou bien* : à l'effet de donations et legs, que la future épouse pourra faire au futur époux en usufruit aux charges de droit.

DEUXIÈME PARTIE

APPORTS DES ÉPOUX

Observation générale.

Lorsque, dans l'apport de l'un ou de l'autre des époux qui adoptent une société d'acquêts, il existe des biens mobiliers qui sont fongibles ou se consomment par l'usage, il doit en être fait une estimation générale au contrat, et l'époux qui en est propriétaire devient créancier de la société d'acquêts d'une somme égale au chiffre de cette estimation. Lorsque les biens mobiliers dont il s'agit ne sont point fongibles et ne se consomment pas par l'usage, tels que des actions industrielles, des rentes sur l'Etat, un fonds de commerce, il ne doit pas en être fait d'estimation si l'intention des parties n'est pas d'en tranférer la propriété à la communauté. Dans tous les cas, il est prudent, pour cette dernière nature de biens, et particulièrement pour un fonds de commerce dont le prix peut être augmenté pendant le mariage par l'industrie et les soins communs des époux, d'expliquer quelle sera la nature de la reprise à exercer par l'époux propriétaire, si cette reprise sera d'une somme d'argent ou de l'objet même apporté en mariage. (Voir entre autres les formules 3 et suivantes.)

Sous le régime dotal, et d'après les termes exprès de l'art. 1551 du Code civil, l'estimation des objets mobiliers apportés en mariage par la femme en vaut vente au mari, à moins de stipulation contraire.

Et, sous le régime dit sans communauté, d'après l'art. 1532, le mari est également comptable envers sa femme du prix de l'estimation donnée aux objets mobiliers dans le contrat de mariage.

97
Commencement et fin de l'énonciation de l'apport de chaque époux.

L'apport du futur et l'apport de la future sont rédigés dans les mêmes termes, sauf pour les objets à l'usage personnel de chacun d'eux et sauf le dernier alinéa de l'apport. Pour le futur, ce dernier alinéa est ainsi conçu : Duquel apport le futur époux a justifié à la future épouse et à ses père et mère qui le reconnaissent. *Pour la future il est ainsi rédigé :* Duquel apport la future épouse a justifié au futur époux, qui consent à en demeurer chargé dans les termes de droit à partir du jour du mariage.

Si l'apport a été établi déduction faite des dettes, il faut dire : net de toutes dettes. Si le décompte n'en a pas été fait, il faut donner sur ces dettes les explications nécessaires en vue d'éclairer l'importance des reprises et indemnités à régler lors de la dissolution du mariage, en évitant les expressions et indications qui emporteraient reconnaissance de dette.

---

98 Objets mobiliers apportés par le futur.

Le futur époux apporte en mariage :

1° La somme de en habits, linge, hardes, bijoux, meubles meublants, voitures, chevaux, armes de chasse, etc. ;

---

99 Trousseau de la future.

La future épouse apporte en mariage :

1° La somme de en un trousseau d'habits, linge, hardes, dentelles, bijoux, piano et autres objets à son usage.

Continuer l'énonciation de l'apport en mariage, en consultant les formules qui suivent, et en mentionnant, pour les créances et les immeubles, les titres de propriété et de libération, et pour les rentes, actions ou autres valeurs semblables, les numéros de chaque titre, l'époque de la délivrance, et le libellé des titres nominatifs.

100 Observation à faire lorsque ce trousseau doit être payé avec des fonds à fournir par le tuteur.

Lorsque la valeur du trousseau de la future a été ou doit être payée sur ses droits héréditaires non encore liquidés, et à l'aide d'un à-compte reçu ou à recevoir sur ces droits, il faut dire :

Observation faite que cette somme de a été ou sera payée par prélèvement sur les droits héréditaires de la future épouse dont il va être parlé, de sorte qu'elle ne constituera pas une reprise en dehors de ces droits.

101 Prorata de revenus et deniers.

2° La somme de en deniers comptants et prorata apprécié à forfait de tous fruits et revenus échus ou non échus jusqu'au mariage;

3° Un fonds de commerce de marchand qu'il exploite à ensemble les marchandises, ustensiles, créances, bail et loyers d'avance en dépendant, le tout d'une valeur de d'après l'estimation et le compte que les parties en ont faits entre elles. (*Si l'intention des parties n'était pas de rendre la communauté propriétaire du fonds de commerce, il faudrait l'exprimer et indiquer seulement : 1° la valeur des marchandises, ustensiles et créances qui doivent tomber dans la communauté; 2° et le détail des créances qui peuvent rester propres.*

102 Fonds de commerce ou établissement commercial, selon qu'il tombe ou ne tombe pas dans la communauté.

Lorsque l'établissement commercial du futur époux a une valeur vénale, abstraction faite de son exploitation dans une boutique ou magasin particulier, il est nécessaire, si cet établissement ne doit pas tomber dans la communauté, de dire clairement : que le futur époux se réserve comme bien propre son établissement commercial, en quelques lieux qu'il transporte durant le mariage ses bureaux et magasins, sauf à tenir compte à la communauté, lors de la dissolution de cette communauté, de la valeur des objets mobiliers susceptibles d'être prisés par commissaire-priseur, qui se trouveraient à cette époque dans lesdits bureaux et magasins.

103 Observation à faire pour le cas où la valeur de l'établissement commercial serait indépendante du lieu de son exploitation.

4° de rente sur l'État pour 100, en inscriptions délivrées en son nom (*rappeler les noms mentionnés dans les inscriptions*), savoir : la première de le série n° ; la seconde de le série n°

Ou bien : La somme de en la valeur fixée dès à présent à forfait de rente sur l'État, etc., laquelle rente est aux risques et profit de la communauté à partir du jour du mariage, en vertu de l'art. du présent contrat, ainsi qu'on l'a vu ci-dessus ;

104 Rentes sur l'État.

5° Une créance hypothécaire privilégiée de la somme de restant due, au moyen de payements faits suivant quittance passée devant etc., sur le prix de moyennant lequel il a vendu à (*prénoms, nom, qualités et demeure de l'acquéreur*) un immeuble sis à suivant contrat

Laquelle créance a été inscrite d'office au bureau des hypothèques de le vol. , n° , est exigible , et produit des intérêts qui sont dus depuis le , et qui sont payables sur le pied de pour 100 de en mois;

105 Créance hypothécaire.

106 Maison. 6° Une maison située à , acquise par le futur époux aux termes d'un contrat passé devant M^e et son collègue, notaires à le , moyennant le prix principal de , payé suivant quittances reçues par M^e , les

107 Ferme. 7° Une ferme appelée , sise à , de la contenance totale de , et composée (*désignation sommaire*), le tout plus amplement désigné en un bail (*ou tout autre acte*) passé devant M^e et son collègue, notaires à , le (*à défaut de cet acte, il faut une* DÉSIGNATION DÉTAILLÉE *qui puisse servir de base à la liquidation des reprises du futur et des indemnités que le futur pourra devoir. Un relevé du cadastre, signé par le maire de chaque commune, peut au besoin fournir ce renseignement et être annexé au contrat*).

Cette ferme et dépendances acquises par le futur époux suivant contrat, etc.

108 Droits héréditaires indivis. 8° Et ses droits non encore liquidés dans la succession de M. dont il est héritier pour , ainsi qu'il résulte de l'inventaire fait après le décès de M. par M^e et son collègue, notaires à , le

> Observation faite par le futur que par la clôture de cet inventaire tous les objets mobiliers, titres et papiers sont demeurés en la garde et possession de madame sa mère, laquelle est donataire universelle en usufruit des biens dépendant de ladite succession, aux termes d'un acte passé, etc.
>
> Et que, d'après dépouillement dudit inventaire, cette succession se compose, etc., etc. (*Indication très-sommaire.*)

---

109 Somme reçue sur les droits héréditaires. La somme de , que le futur époux détient entre ses mains en deniers provenant de la succession de monsieur son père dont il est seul héritier, sans préjudice du résultat des comptes et partage ultérieurs qui pourront avoir lieu entre le futur et madame sa mère, tant de la communauté qui a existé entre Mme et M. que de la succession de ce dernier

Et les droits indivis lui appartenant, comme seul héritier de monsieur son père dans lesdites communauté et succession tels qu'ils sont constatés dans un inventaire dressé par Mᵉ , notaire à , le sauf bien entendu l'imputation à faire sur ces droits de la somme qui vient d'être mentionnée.

Cette formule peut être combinée avec une constitution de dot faite à la future par celui de ses père et mère qui a survécu; elle a pour effet d'épargner tout droit d'enregistrement sur la somme exprimée, mais il ne faut point mentionner dans l'apport une somme supérieure aux droits acquis en toute propriété d'après un dépouillement sérieux d'inventaire, et il ne faut employer cette formule que lorsqu'il existe ou a existé en fonds et revenus dans les mains du père ou de la mère survivant une somme au moins égale à la somme ainsi exprimée.

Une masse indivise se compose de fonds et de fruits, et, jusqu'à l'événement du partage qui détermine les droits de chacun des co-propriétaires, cette même masse sans distinction de fonds et de fruits est réputée commune. Donc les deniers provenant des fruits sont, aussi bien que les deniers provenant des capitaux, des deniers communs que l'un ou l'autre des co-partageants peut détenir sauf rapport au jour du partage.

110
Apport par l'époux survivant de droits constatés dans l'inventaire après la mort du conjoint prédécédé, et dont une partie active ou passive a été transformée depuis le décès.

1° Ses droits dans la communauté qui a existé entre lui et Mᵐᵉ , sa première femme et dans la succession de cette dame, tels qu'ils sont établis dans un inventaire dressé par Mᵉ , notaire à , le . — Observation faite 1° que tout le passif constaté dans cet inventaire a été acquitté par le futur avec des bénéfices faits par lui depuis le décès, et 2° que tout l'actif constaté par cet inventaire existe encore en nature à l'exception des deniers comptants qui ont été transformés et dont naturellement le futur reste comptable.

2° La créance à exercer lors de la liquidation desdites communauté et succession, pour le passif constaté dans ledit inventaire et acquitté depuis cet inventaire par le futur, déduction à faire des deniers comptants mentionnés en cet inventaire.

3° La somme de , en habits, linge, hardes, bijoux, autres que ceux constatés dans ledit inventaire, deniers comptants à ce jour, valeurs au porteur et créances, autres que celle qui vient d'être déterminée sous le n° 2.

---

111 Apport estimé à forfait de toute la fortune mobilière.

La somme de , à laquelle s'élève, déduction faite de toutes dettes, suivant le compte que les parties en ont fait entre elles et à forfait, l'importance de la fortune du futur époux qui est purement mobilière.

---

112 Apport à forfait de droits héréditaires et autres avec ameublissement d'immeubles.

Le futur époux apporte en mariage la somme de , à laquelle s'élève, d'après le compte que les parties en ont établi entre elles, déduction faite de toutes dettes, la valeur de tous ses biens meubles et immeubles sans exception, dans lesquels sont compris : 1° une maison sise à ; 2° une ferme sise à ; 3° le tiers indivis avec , propriétaires des deux autres tiers, dans une ferme sise à ; 4° et les droits héréditaires qui sont d'un cinquième dans la succession de

De sorte que tout accroissement des biens meubles et immeubles du futur époux par licitation ou autrement, tous biens meubles et immeubles qui lui adviendront par partage ou autrement pour le remplir de ses droits actuellement indivis, appartiendront à la communauté, et qu'en toute circonstance le futur époux n'aura à exercer la reprise contre la communauté pour raison de son apport que la somme de

---

113 Droits d'auteur avec convention spéciale. (1)

La somme de , en la valeur d'ouvrages publiés par le futur époux ou en cours de publication ; étant expliqué et convenu entre les parties que la communauté profitera des bénéfices nets de toutes les publications qui seront faites pendant sa durée par le futur époux ; mais qu'au jour de la dissolution de la communauté, le futur époux ou ses représentants reprendront comme biens propres le profit éventuel de nouvelles éditions à faire des ouvrages publiés, tous ouvrages en cours de publication, et les manuscrits non publiés, à la charge d'in-

---

(1) Voir la formule n° 223 pour une donation par le futur à la future survivante de ses droits réservés.

demniser la communauté de tous frais faits pour les ouvrages et manuscrits ainsi réservés.

Même lorsque l'un des époux mineurs apporte en mariage le reliquat d'un compte de tutelle rendu par le père ou la mère, , *on peut dire:*

114 Reliquat approximatif de compte de tutelle.

La future épouse apporte en mariage :

1° La somme de , que M° détient en billets de banque et monnaie provenant de la communauté qui a existé entre ses père et mère, et de la succession de madame sa mère, ainsi qu'il est expliqué dans un acte sous seing privé, en date à , du dont l'un des originaux a été déposé pour minute à M° , l'un des notaires soussignés , par acte du , enregistré, etc. (1);

2° La somme de , qu'elle détient également en billets de

---

115 Cadre du compte de tutelle à établir provisoirement en vue de la précédente rédaction et de celle qui suit.

(1) Les soussignés , M. ;

D'UNE PART ;

Et Mlle , mineure, née à , le, du mariage de M. et Mme , et seule héritière de Mme , sa mère ;

D'AUTRE PART ;

Ont établi de la manière suivante le compte de l'administration que M. a eue de la personne et des biens de Mlle , sa fille, depuis le jusqu'à ce jour, attendu l'émancipation qui résultera pour cette dernière de son mariage à célébrer incessamment ;

Et, au préalable, l'appréciation (par la liquidation de ces communauté et succession, et des reprises respectives des époux, basées sur les observations préliminaires qui suivent) des droits de Mlle dans la communauté qui a existé entre M. et Mme et la succession de cette dame.

PREMIÈRE PARTIE

Liquidation des communauté et succession et des reprises des époux

OBSERVATIONS PRÉLIMINAIRES

1re observation : Etc.

OPÉRATIONS

CHAPITRE Ier. — *Liquidation des reprises des époux.*

CHAPITRE IIe. — *Liquidation de la communauté.*

banque qui proviennent desdites communauté et succession, et qui vont lui appartenir en toute propriété au moyen de la renonciation à usufruit dont il va être parlé ;

3° Et ses droits indivis dans lesdites communauté et succession, en qualité de, etc.

---

116 Autre apport d'un reliquat de compte de tutelle, et renonciation à usufruit par le survivant des père et mère avec réserve de droit de retour.

La future épouse apporte en mariage :

1° La somme de , en un trousseau, etc., , et la somme de , en écus, ensemble , qu'elle a en sa possession, et dont elle est comptable, comme de deniers indivis dépendant de la succession de madame sa mère, mais qui forment, ainsi que le déclare la future, ce qui doit lui revenir en toute propriété par l'événement du compte que doit lui rendre son tuteur de l'administration qu'il a eue de sa personne et de ses biens.

Observation faite que ce compte comprendra l'émolument indivis de la future dans la succession de madame sa mère, dont elle est héri-

---

MASSE ACTIVE. — MASSE PASSIVE.

. . . .

PRÉLÈVEMENTS

Sur l'actif net de communauté, il y a lieu de prélever les reprises des époux ci-dessus liquidées,

A la somme de , pour la succession de Mme .	»»	»»
Et à celle de , pour M.	»»	»»
Ensemble.	»»	»»
Il reste net à partager.	»»	»»
Dont moitié pour chacun est de.	»»	»»

CHAPITRE III. — *Liquidation de la succession de Mme*

CHAPITRE IV. — *Fixation des droits des parties.*

DÉVOLUTION DES VALEURS

M. :

1ent. Pleine propriété.

Pour être rempli de cette somme totale, M. retient, savoir, etc.	»»	»»
Total égal aux droits en toute propriété de M. . .	»»	»»

tière pour , ainsi que le constate l'intitulé, etc., et l'émolument de la future dans la succession de

2° Et la somme de , qui forme, ainsi que le déclare la future, ce qui doit lui revenir en nue propriété par l'événement dudit compte.

Observation faite que cette somme est dans les mains de , père de la future, comme grevée de l'usufruit de M. , en vertu des dispositions d'un acte, etc.

Il peut y avoir lieu d'ajouter, pour compléter indirectement une dot sans payer de frais d'enregistrement :

En considération du mariage, M. renonce à son usufruit sur la somme de , dont il vient d'être parlé.

Mais M. entend se réserver le droit de retour et réversion sur ledit usufruit pour le cas de prédécès du futur sans enfants, ou de

---

2ent. Et en usufruit.

M. a droit en usufruit, avec dispense de caution et d'emploi, au quart de la succession de sa femme, étant de la somme de :

Dont il se trouvera rempli en conservant et retenant semblable somme sur lesdits , montants des créances par lui recouvrées sur celles dépendant de la communauté, comme il vient d'être dit.

Mlle :

1ent. Droits en pleine propriété.

L'émolument de Mlle , dans la succession de Mme , sa mère, est en pleine propriété de la moitié de l'actif net de cette succession, soit de ladite somme de

Pour lui fournir cet émolument, elle prendra, et M. , son père, lui comptera immédiatement semblable somme sur lesdits encaissés par lui et provenant du recouvrement par lui effectué des créances qui figurent à l'actif de communauté sous le nom de ceux qui en étaient débiteurs aux articles deux, trois, six, etc.

2ent. Droits en nue propriété.

Ils sont égaux à ceux de l'usufruit de M. , son père, c'est-à-dire de ladite somme de

Elle en sera remplie au moyen de ce que dès aujourd'hui elle sera définitivement saisie de la nue propriété de la somme que retient M. , son père, pour ses droits en usufruit.

ceux-ci sans postérité, sauf l'effet de la donation stipulée sous l'article ci-après.

M. renonce purement et simplement à son usufruit sur la part héréditaire de la future épouse dans la succession de Mme ; laquelle part se compose uniquement de valeurs mobilières, de sorte qu'il n'y aura pas lieu de transcrire aux hypothèques la présente renonciation.

---

117 Reliquat estimatif d'un compte de tutelle à rendre.

La somme de , à laquelle s'élèvent, déduction faite de toutes dettes, les deniers comptants et les créances dues à la future épouse par diverses personnes, suivant le compte que les parties en ont fait entre elles.

La future déclare que son apport en mariage lui provient et forme l'importance du compte que lui a rendu M. , son tuteur, de l'administration qu'il a eue de sa personne et de ses biens, lequel compte sera régularisé et écrit, suivant le vœu de la loi, lors de la présentation

---

JOUISSANCE DIVISE

M. sera considéré comme saisi des valeurs qu'il retient d'après ce qui précède en propriété et jouissance, à partir du jour du décès de sa femme, comme étant censé, selon la fiction légale, avoir toujours possédé seul.

Quant à Mlle , elle a droit aux revenus des valeurs qu'elle retient en toute propriété à compter de l'extinction de l'usufruit légal de M. , son père.

DEUXIÈME PARTIE

Compte de la tutelle

La tutelle de Mlle s'est ouverte, et M. , son père, s'en est trouvé légalement investi par le décès de Mme , arrivé, ainsi qu'on l'a déjà dit, le

Le compte que M. va rendre de son administration tutélaire a pour point de départ le jour où Mlle , sa fille, a complété sa dix-huitième année, qui est aussi l'époque à laquelle a cessé son usufruit légal sur les biens de sa pupille.

Avant le décès de Mme , sa mère, Mlle ne possédait personnellement aucun bien, de sorte qu'à l'ouverture de la tutelle son patrimoine consistait uniquement dans ses droits, dont l'appréciation vient d'être faite, et

qu'en fera M. à la future épouse, assistée de son curateur, après le mariage.

Observation faite que ce compte comprend l'émolument de la future, 1° dans la succession de , sa mère, dont elle est héritière pour , ainsi que le constate l'intitulé, etc., lequel inventaire a été suivi d'une liquidation reçue par Me ; 2° et dans la succession de M. , son père, dont, etc.

Le futur époux déclare : **118** Droits indivis avec un enfant d'un premier lit.

Qu'il est veuf en premières noces, avec un enfant mineur ci-après nommé, de Mme , décédée à , le ;

Qu'après le décès de sa première épouse, il a été fait inventaire par Me , notaire à , le , à sa requête, comme ayant été commun en biens avec ladite dame, aux termes de leur contrat de mariage, reçu par Me , notaire à , le ,

---

dont elle se trouve actuellement saisie dans les limites déterminées par l'effet de ce que dessus.

Postérieurement, elle n'a pas recueilli d'autre succession, et il ne lui a été fait ni donation ni legs.

De telle sorte que le compte dont il s'agit ne comprend en capitaux que la somme de , représentative des droits en pleine propriété de Mlle dans la succession de Mme , sa mère, et dont M. (qui en est détenteur) se charge en recette.

Sous la déduction de l'unique dépense qu'il a faite pour sa pupille, consistant dans les droits de mutation acquittés pour elle lors de l'ouverture de la succession de Mme , savoir :

Au bureau des Domaines de , y compris pour vacation du notaire qui a préparé la déclaration.	»» »»	
Et au bureau de.	»» »»	
Ensemble.	»» »»	»» »»
Ce qui fixe à le reliquat en capitaux dont M. est comptable envers Mlle , sa fille, à raison de la tutelle, reliquat qu'il met à sa disposition immédiatement.		»» »»

M. doit faire compte des intérêts de cette somme sur le pied de à partir du , s'élevant à ce jour à , que comme donataire de ladite dame, aux termes du même contrat, d'un quart en toute propriété et d'un quart en usufruit des biens dépendant de ladite succession, et en outre, comme tuteur naturel et légal de , son fils mineur, né à , le , seul héritier de ladite dame ;

Qu'aux termes dudit contrat de mariage, ses père et mère lui ont constitué en dot, solidairement, par imputation, d'abord sur la succession du prémourant, et subsidiairement sur la succession du survivant, a somme de , qui a été payée pendant la durée de son premier mariage ; mais que ses père et mère se sont réservé sur cette dot le droit de retour pour le cas où ils survivraient l'un ou l'autre ou tous deux au déclarant et aux enfants nés de son premier mariage ; — laquelle réserve va être modifiée par l'intervention de M. et Mme . (Voir formule n° 96) ;

Qu'aux termes du même contrat, faculté a été accordée au survivant des époux de conserver pour son compte personnel le fonds de commerce exploité au jour du décès du prémourant, ensemble les marchandises, droit au bail et autres accessoires du fonds, aux conditions exprimées dans ledit contrat ; — Qu'il se trouve avoir opté pour

---

Mlle reconnaît lui avoir été remis aujourd'hui par M. , son père, sans retenue aucune pour les dépenses d'entretien que M. a faites pour Mlle , sa fille, et qu'il veut supporter.

Cet état de choses a pour but de laisser fixé définitivement à la somme de pour tous capitaux, le reliquat en faveur de Mlle du compte de tutelle que lui rend ici M. , son père.

Sans préjudice de la somme lui revenant en nue propriété, et dont M. , son père, est actuellement nanti en qualité d'usufruitier, et non compris ses droits dans les immeubles laissés en commun sous l'article de la masse active des valeurs de communauté.

Mlle reconnaît, par les présentes, que M. , son père, lui a compté et remis aujourd'hui, à l'instant même de la signature du présent compte, en , ladite somme de pour solde du reliquat de compte de tutelle,

Dont quittance.

Ce compte provisionnel doit être suivi, après le mariage, d'un récépissé de compte de tutelle, à faire signer par la mineure, assistée de son mari comme son curateur, dans lequel récépissé on renverra audit état, et d'un arrêté de compte de tutelle.

la conservation dudit fonds de commerce, de sorte qu'il est devenu propriétaire du fonds de commerce qu'il exploite aujourd'hui et qui va tomber dans la communauté stipulée au présent contrat en vertu de la convention exprimée ci-dessus, art. ;

Que tous les biens qu'il possède aujourd'hui se composent :

En valeurs mobilières :

De, etc.

En immeubles :

1° De, etc.

2° Et de ses droits indivis (*exprimer la quotité*) avec son fils mineur (propriétaire du surplus), dans (*désigner les immeubles dépendant desdites communauté et succession*) ;

Mais qu'il doit à son fils mineur, pour le montant de ses droits dans les valeurs mobilières qui dépendaient desdites communauté et succession, d'après dépouillement dudit inventaire, savoir :

En toute propriété la somme de , et en nue propriété la somme de , dont il a l'usufruit jusqu'à son décès.

119
Droits héréditaires non liquidés et service assuré, en dot, des intérêts de ces droits d'après une somme fixe.

La future épouse apporte en mariage :

1° Ses droits non liquidés dans la succession de M. , son père, dont elle est héritière pour

Observation faite que l'actif dépendant de cette succession est constaté par un inventaire dressé, après le décès de M. , par Mᵉ et son collègue, notaires à , le

2° Et ce qui pourra lui revenir par l'événement du compte que madame sa mère doit lui rendre de l'administration qu'elle a eue de sa personne et de ses biens depuis le décès de M.

Mᵐᵉ déclare que les droits de mademoiselle sa fille dans ladite succession et le reliquat du compte dont il s'agit peuvent s'élever ensemble à la somme de , et dans le cas où, par l'événement dudit partage et la reddition de ce compte, les droits de la future épouse ne s'élèveraient pas à ladite somme de , Mᵐᵉ , s'engage, en considération dudit mariage, à parfaire cette somme à la future épouse, à titre de donation et en avancement sur sa succession future. La somme nécessaire pour parfaire les dont il s'agit sera payée par Mᵐᵉ aux futurs époux dans les qui suivront la signature desdits partage et reddition de compte, avec intérêts à pour cent, à partir de l'époque fixée par le partage pour l'entrée en jouissance.

Mme continuera à administrer comme par le passé les biens dépendant de ladite succession, et tous pouvoirs lui sont donnés à cet effet.

Pour tenir lieu à la future épouse des intérêts de sa dot, il sera prélevé sur les revenus de ladite succession, et Mme payera aux futurs époux, jusqu'à l'époque fixée par ledit partage pour l'entrée en jouissance, une somme annuelle de , payable en payements égaux à partir du jour de la célébration dudit mariage. Dans le cas où les sommes ainsi payées à la future épouse excéderaient la portion afférente à ladite demoiselle dans les revenus de ladite succession et les intérêts du reliquat dudit compte, Mme fait don de cet excédant à la future épouse, par préciput et hors part.

---

120 Droits indivis avec à-compte reçu et avec mention d'attributions convenues.

Avant de constater son apport en mariage la future épouse déclare :

Qu'après le décès de M. son père il a été fait inventaire par Me , notaire à , le , à la requête de ;

Qu'il n'a été procédé à aucun partage des communauté et succession, mais qu'elle détient la somme de en deniers provenant de ces communauté et succession, sauf à en faire le rapport lors du partage ; expliquant que, d'après dépouillement dudit inventaire, ses droits nets en toute propriété s'élèvent au moins à ; qu'il a été convenu entre madame sa mère et mademoiselle sa sœur que lors du partage desdites communauté et succession on mettrait dans le lot de la déclarante pour une somme de , la moitié d'une maison sise à , sans qu'il y ait pour la future épouse aucune soulte à prévoir, puisque ses droits, d'après ledit dépouillement, comporteront cette attribution, et qu'elle a fait emploi à ses risques personnels de ladite somme de dans les valeurs qu'elle va énoncer en son apport en mariage.

Cet exposé fait,

La future épouse apporte en mariage, etc. ses droits indivis dans lesdites communauté et succession et le reliquat du compte de tutelle que lui rendra madame sa mère lors dudit partage, lesquels droits consistent en toute propriété et en nue propriété grevée de l'usufruit de madame sa mère, lequel usufruit résulte d'une donation faite, etc.

La future épouse déclare que sa moitié dans ladite maison sera grevée de la moitié d'une somme de , restant due sur le prix de cette maison, et qu'il y aura lieu d'appliquer à ce payement à prendre dans les indiqués sous le n° de son apport en mariage.

---

121 Droits indivis avec à-compte reçu et avec renonciation éventuelle à usufruit par la mère du futur.

Ses droits indivis avec, etc.

Le futur époux déclare qu'il a reçu en valeurs mobilières de la succession de M. son père une somme de 50,000 fr. dont il doit faire compte lors du partage de cette succession, mais que cette somme est inférieure à ses droits réunis en toute propriété et en nue propriété, ainsi que le prouve un aperçu liquidatif qu'il représente sur une feuille de papier au timbre de pour demeurer ci-annexé.

En considération du mariage et pour assurer au futur époux la conservation des 50,000 fr. qu'il a reçus depuis le décès de M. son père, Mme , qui est donataire de moitié en usufruit des biens dépendant de ladite succession aux termes de , déclare renoncer purement et simplement à son usufruit sur une somme suffisante à prendre dans les droits héréditaires du futur époux, pour compléter à ce dernier, avec ses droits en toute propriété dans la succession de son père, ladite somme de 50,000 fr., laquelle renonciation sera consacrée dans le partage de ladite succession.

---

122 Office ministériel autre que celui d'agent de change.

Lorsque le futur époux est muni d'un office ministériel, on peut dire :

Le futur époux apporte en mariage :

1° Sa charge de notaire à , à laquelle il a été nommé par ordonnance du , en date du (*ou la charge de notaire à la résidence* , *dont il a traité par acte* , *et à l'égard de laquelle il a été fait en sa faveur la déclaration prescrite par l'article* 91 *de la loi du* 28 *avril* 1816);

2° Le cautionnement de , qu'il a fourni en sa qualité de notaire ;

2° Les recouvrements qu'il peut avoir à faire, tant de son exercice que de celui de ses prédécesseurs, évalués à la somme de ;

4° Etc.

Si la charge tombe dans la communauté, sauf reprise dans des conditions déterminées :

Le futur époux apporte en mariage :

1° La somme de , à laquelle s'élèvent, déduction faite de toutes dettes, la valeur de sa charge de notaire à , le cautionnement qu'il a fourni en sa qualité de notaire, les recouvrements qu'il a à faire, tant de son exercice que de celui de ses prédécesseurs, la valeur de ses meubles meublants, effets mobiliers, bibliothèque, habits, linges, hardes et deniers comptants.

Duquel apport, etc.

---

123 Office d'un agent de change et convention à ce sujet.

Le futur époux déclare qu'il est titulaire d'une charge d'agent de change près la Bourse de Paris; que pour l'exercice de cette charge, il a formé une société en commandite suivant acte ; qu'il est le gérant de cette société; que cette société n'est grevée d'aucun passif; que l'actif social se compose : 1° de ladite charge d'agent de change, à laquelle il n'y a lieu de donner aucune évaluation, comme étant frappée de la réserve de propres; 2° d'un cautionnement de versé au trésor; 3° d'un fonds de réserve de , dont partie est déposée à la caisse syndicale, et dont le surplus est dans la caisse sociale comme fonds de roulement; 4° et d'un autre fonds de réserve créé au moyen d'un prélèvement sur les bénéfices de la société en exécution d'un des articles de l'acte de société.

Qu'il juge inutile d'indiquer le chiffre des deux fonds de réserve indiqués sous les deux derniers numéros, attendu la mobilité de ces fonds et la volonté qu'il a de faire tomber dans la communauté ce qui peut lui revenir dans ces fonds, sauf à faire entrer l'appréciation de ses droits à ce sujet dans les estimations ci-après exprimées.

En conséquence, le futur époux apporte en mariage et se constitue personnellement en dot :

1ment *Un vingt-troisième* lui appartenant NET dans la charge d'agent de change et dans ledit cautionnement ;

2^{ment} La somme de à laquelle s'élève, déduction faite de toutes dettes à forfait, suivant le compte que les parties en ont fait entre elles : 1° la part du futur époux dans les bénéfices appréciés jusqu'au jour du mariage et dans les fonds de réserve; 2° et la valeur des habits, linges, hardes, bijoux, et autres objets mobiliers du futur.

Au moyen de la réserve de propres qui frappe les biens compris sous le n° 1^{ment} de son apport, le futur époux ou ses héritiers auront le droit, à la dissolution de la communauté, de reprendre, savoir ; si la société ou toute autre créée en remplacement de celle-ci subsiste encore, sa part d'*un vingt-troisième* dans lesdits charges et cautionnement, et même une part plus forte que celle qui vient d'être exprimée, attendu qu'elle formera un accroissement de propre à la condition de tenir compte à la communauté de toutes sommes versées ou supportées pour l'augmentation de ladite quotité d'*un vingt-troisième*, suivant état desdites sommes s'il est possible d'en établir un, ou suivant estimation de la chambre syndicale portant sur la valeur, au jour de la dissolution de la communauté, de toute quotité supérieure à *un vingt-troisième*, s'il est impossible de faire régulièrement ledit état. Si à l'époque de la dissolution de la communauté, ladite société ou toute autre n'existe plus, le futur époux aura le droit de reprendre tout ce qui, dans la liquidation de la société, aura représenté le *vingt-troisième* ci-dessus indiqué dans lesdits charge et cautionnement.

Le futur époux ou ses représentants, faisant la reprise en nature ci-dessus prévue, auront seuls droit au bail des lieux occupés par le futur pour ses bureaux et son habitation, à la charge d'en payer les loyers et d'en exécuter les conditions. Si ces lieux faisaient partie d'une maison dépendant de la communauté, ou propre à la future épouse, il serait fait bail de ces lieux, à dire d'experts, au profit du futur ou de ses représentants pour un délai qu'il fixerait et qui ne pourrait excéder neuf ans. Toutefois, dans les cas qui viennent d'être prévus, la future survivante aura le droit personnel qui lui est expressément réservé, vis-à-vis des héritiers et représentants du futur époux, de conserver les lieux non affectés à ladite charge pour le temps qu'il lui plaira et pour la contribution de loyer fixée à l'amiable ou à dire d'experts.

Le futur déclare pour ordre que, dans son apport en mariage ci-dessus établi, il a fait entrer la somme de que madame sa mère lui a remise et qui va lui être constituée en dot, de sorte qu'il n'aura aucune reprise particulière à exercer pour lesdits en dehors de ce qui vient d'être dit sous le présent article.

124
Mise sociale.

Lorsque le futur époux se trouvera associé dans une maison de commerce, il pourra y avoir lieu de dire : Le futur époux apporte en mariage la somme de à laquelle s'élèvent, d'après le compte et l'estimation que les parties en ont faits entre elles, à forfait, jusqu'au jour du futur mariage, les deniers comptants du futur, son compte courant dans la société dont il va être parlé, et ses droits dans la société créée en nom collectif entre le futur et M. , pour le commerce de , dont le siége est à , avec une maison d'achat à , suivant acte, etc.; sans qu'il soit question, à la réquisition du futur, des bénéfices courants dans cette société depuis le dernier inventaire, l'intention formelle du futur étant que ces bénéfices, quels qu'ils soient, tombent dans la communauté stipulée par le présent contrat, sans reprise ultérieure à ce sujet.

Lorsque cet apport est indiqué en présence de l'un des associés qui a la signature sociale, il y a lieu, pour éviter le droit de 1 pour 100 comme reconnaissance de dette sur le compte courant, d'ajouter à la formule précédente ce qui suit :

Cette énonciation, quoique faite en présence de M. , l'un des associés du futur époux, ne pourra être réputée une reconnaissance de dette de la part de M. , ni lui être opposée soit en son nom, soit au nom de la Société.

125
Sur un fonds de commerce à acheter ou à vendre avant le mariage.

Lorsque le futur époux a acheté un fonds de commerce dont la vente doit se réaliser le jour du contrat ou entre la date du contrat et celle du mariage, on peut en expliquer l'apport de la manière suivante :

Le futur époux déclare qu'il est sur le point d'acquérir de M. le fonds de commerce, etc. Et il est expressément convenu que quelle que soit la date de cette acquisition, le fonds de commerce dont il s'agit tombera dans la communauté, à la charge par ladite communauté d'en payer le prix.

Ou bien encore la clause suivante peut trouver son application :

Le futur époux déclare, en outre, qu'il est actuellement propriétaire d'un établissement de , que lui a vendu M. son père, le moyennant le prix principal de , encore dû, mais qu'il n'y a pas lieu de s'occuper de cet établissement du payement du prix, parce que cet établissement doit être revendu avant le mariage, aux risques et profits de M. son père, ainsi qu'il en prend l'engagement exprès, et au moyen de la garantie qui sera fournie par M. son père, relativement au montant du prix de la revente de cette acquisition et à la solvabilité de l'acquéreur.

Dans ce cas, le père ne pourra pas signer le contrat, même ad honorem, *pour éviter le droit d'enregistrement de vente, mais dans un acte sous seing privé qui devra être confirmé par une disposition testamentaire s'il y a perte sur la revente, la garantie du père sera fournie dans les termes suivants :*

M. , reconnaissant que l'établissement n'a pas dépéri entre les mains de M. son fils, et que sa valeur n'a pas changé, déclare garantir M. son fils contre toute perte que pourrait occasionner la vente dudit établissement avant le mariage des futurs époux, de manière à ce que le futur époux n'ait pas à souffrir de son acquisition, qu'il soit indemnisé de la différence entre son prix d'acquisition et la somme qu'il touchera sur le prix de revente, et qu'il n'ait dans aucun cas à tenir compte d'aucune somme à ce sujet à M. son père ou à la succession de ce dernier. La revente dont il s'agit s'opérera au profit comme aux risques de M. son père, qui aura seul droit à l'excédant éventuel du prix.

126
Sur un fonds de commerce sans valeur.

Si le fonds de commerce, exploité par le futur époux au jour de son mariage, n'a pas de valeur, il faut le dire, afin d'éviter toute difficulté lors de la liquidation à venir, ce qui peut être expliqué en deux mots :

Observation faite par le futur époux que la clientèle ou l'achalandage de son fonds de commerce, ainsi que le droit au bail des lieux occupés pour ce fonds, ne sont susceptibles d'aucune valeur et tomberont dans la communauté stipulée par le présent contrat.

127 Sur des retenues sociales dans des dividendes d'actions. (Voir formule n° 81.)

Si l'un des époux possède des actions dans une entreprise industrielle, il peut (suivant les termes des statuts) être prudent d'ajouter la disposition qui va être indiquée et qu'on comprendrait dans l'article qui stipule la réserve des propres :

Il est particulièrement convenu, à l'égard des bénéfices afférents aux actions de , dont la future épouse *ou le futur époux* est propriétaire, ainsi qu'il sera dit ci-après, que la communauté aura droit aux bénéfices annuels qui peuvent et pourront être répartis pendant sa durée, mais que la future épouse *ou le futur époux* ou ses représentants conserveront comme biens propres : 1° tous bénéfices annuels qui n'auraient pas été ainsi répartis pendant la durée de la communauté; 2° et toutes sommes provenant de répartitions faites par la société sur son capital social.

---

128 Explication sur une somme remise antérieurement.

Lorsque dans l'apport est entrée une somme remise précédemment et dont il va être fait donation par les père et mère, il y a lieu de dire :

Duquel apport libre de toutes dettes autres qu'une somme remise au futur époux par ses père et mère et dont il n'est question que pour ordre, attendu qu'il va lui en être fait donation, le futur époux a justifié à la future, etc.

---

129 Explication réunissant les apport et dot.

Lorsque l'apport personnel va être augmenté d'une dot, on peut dire, après l'énonciation de cet apport, pour résumer la fortune dans des termes qui peuvent être agréables aux parties lors de la lecture du contrat :

Lequel apport va être augmenté de la somme de que les père et mère du futur vont lui constituer en dot, de sorte que la fortune du futur au jour du mariage s'élèvera au total à

TROISIÈME PARTIE

CONSTITUTIONS DE DOT

130 Imputation sur les successions des donateurs.

En considération du mariage, M. et Mme constituent en dot, solidairement, à la future épouse, qui accepte, en avancement d'hoirie, à imputer d'abord sur la succession du prémourant, et subsidiairement, sur la succession du survivant (*ou à imputer par moitié sur la succession de chacun des donateurs*).

---

131 Imputation sur des droits héréditaires non liquidés et sur un compte de tutelle.

Cette dot sera imputée d'abord sur les droits non encore liquidés de la future épouse dans la succession de sa mère dont elle est héritière pour , ainsi que le constate , ensuite sur le reliquat du compte de tutelle que doit le donateur, et subsidiairement, s'il y a lieu, sur la succession future du donateur.

---

132 Un trousseau.

1° Une somme de en la valeur d'un trousseau d'habits, linges, hardes, bijoux et autres effets mobiliers qui seront fournis aux futurs époux la veille du mariage, dont la célébration vaudra décharge aux donateurs et chargera d'un autre côté le futur époux qui y consent;

133 Une somme à payer.

2° Une somme principale de , que les donateurs s'obligent sous ladite solidarité à payer aux futurs époux le avec intérêts de trois en trois mois sur le pied de p. 100 par an, à partir du jour du mariage, le tout à , en la demeure des donateurs, ou en tout autre lieu de cette ville qu'ils indiqueront;

134 Une somme déjà remise. 3° La somme de dont le futur époux est en possession et qui est comprise dans son apport en mariage ci-dessus constaté;

135 Une créance hypothécaire. 4° Une créance de exigible le , productive d'intérêts sur le pied de p. 100 par an, payables de mois en mois et due par avec hypothèque sur , ainsi qu'il résulte d'un acte ; laquelle hypothèque a été inscrite au bureau des hypothèques de , le , vol. , n° , et vient en rang sur ledit immeuble, après une somme de , ainsi que le constate un état délivré par le conservateur des hypothèques de , le

Continuer l'énonciation des biens donnés, en mentionnant, pour les créances et les immeubles, les titres de propriété et de libération, et pour les rentes, actions ou autres valeurs semblables, les numéros de chaque titre, l'époque de délivrance et le libellé des titres nominatifs.

---

136 Entrée en jouissance de biens donnés. Au moyen de la présente constitution de dot:

Premièrement. Le futur époux disposera en toute propriété, comme bon lui semblera, des immeubles, créances et rentes sur l'État qui viennent de lui être donnés, et il en jouira par la perception, savoir: à l'égard du domaine de , des fermages représentatifs de l'année de culture à commencer du ; à l'égard de la créance hypothécaire, des intérêts à courir du jour du mariage; et à l'égard de la rente sur l'État par l'encaissement, à l'échéance prochaine, de la totalité du trimestre courant. — A l'effet de quoi les donateurs mettent et subrogent le futur époux, avec toute garantie, même promesse de payer dans le cas où le débiteur qu'ils garantissent solidairement ne payerait pas, dans tous leurs droits, actions, priviléges et hypothèques, notamment dans l'effet de l'inscription hypothécaire précitée.

Deuxièmement. Les donateurs ont remis au futur époux, qui le reconnaît, le bail du domaine de , les titres de propriété de cet immeuble, les titres de la créance hypothécaire susindiquée, et le titre de ladite inscription de rente.

La rente sur l'État donnée par M. représente, au cours moyen du , la somme de .

137 Estimation à forfait de valeurs mobilières pour le droit de retour, pour les reprises et pour les rapports.

Le futur époux pourra vendre seul, sans le concours ni la procuration de la future épouse, ladite rente sur l'État de , à partir du jour du mariage, signer tout transfert, en recevoir le prix et en donner décharge sur sa simple signature ; et il est convenu que l'évaluation de donnée à ladite rente formera le montant du rapport dû par la future épouse pour raison de cette rente aux successions de ses père et mère, le chiffre des reprises qu'elle aura à exercer à ce sujet contre le futur époux ou ses héritiers, et la somme sur laquelle s'exercera le droit de retour ci-après stipulé, le tout quel que soit le prix dudit transfert, et quand bien même ladite rente n'aurait pas été vendue par le futur époux.

Toutefois le futur époux et les enfants à naître du mariage auront la faculté, qui leur est expressément réservée par exception personnelle, d'effectuer le rapport de ladite rente aux successions des donateurs, soit en ladite somme de montant de l'estimation actuelle de ladite rente, soit en nature, sans toutefois pouvoir, bien entendu, substituer dans ce rapport une rente acquise à la rente donnée.

---

138 Autre pour un immeuble avec don éventuel de la plus-value par préciput.

Ladite estimation à la somme de formera le montant du rapport dû par le futur époux à la succession de M. son père pour raison dudit immeuble sis à , quel que soit dans l'avenir en plus-value ou en moins-value le sort de cet immeuble. Et pour assurer, autant que possible, l'efficacité de cette stipulation, M. fait présentement, en considération du mariage, donation par préciput et hors part au futur époux, qui accepte, de la plus-value qui pourrait exister lors du décès du donateur.

139
Donation d'une somme payable en la moitié d'un fonds de commerce.

Une somme de 150,000 fr., dont 50,000 fr. seront fournis en espèces le jour du mariage, dont la célébration vaudra décharge, et 100,000 fr. seront fournis en la moitié du fonds de commerce d'entrepreneur de , exploité en ce moment par les père et mère du futur et comprenant la clientèle, le matériel, les machines à vapeur, l'outillage, les chevaux, les voitures, le mobilier des bureaux, ensemble tous engins, appareils, modèles et objets de toute nature servant à l'exploitation de l'entreprise, ainsi que le tout se poursuivra et comportera le jour du futur mariage suivant le compte et l'appréciation à forfait que le futur époux en a fait d'avance avec ses père et mère.

Laquelle somme de 150,000 fr. fera seule l'objet d'un rapport, d'un règlement de droit de retour et de reprise, quelle que soit la valeur ultérieure desdits fonds de commerce et accessoires.

140
Promesse de vente d'un fonds de commerce, avec admission immédiate du futur comme commis en participation.

En considération du mariage projeté, les parties arrêtent ce qui suit :

Le futur époux travaillera chez M. son père en qualité de commis intéressé, et fournira tout son temps et tous ses soins aux gestion et administration de la maison de commerce que fait valoir M. père, sous la direction et en suivant les prescriptions de ce dernier.

Cet engagement est contracté pour quatre années, à partir du jour de la célébration civile du mariage de M. fils ; sauf les cas ci-après prévus.

De plus, M. fils versera immédiatement après son mariage dans la maison de commerce de M. son père la somme de 30,000 fr. sur celle de 40,000 fr. que le futur recevra le jour de son mariage sur le montant de la dot en espèces constituée à la future. Cette somme de 30,000 fr. ne pourra être retirée par le futur que dans l'année qui suivra l'option dont il sera parlé ci-après. Les intérêts de cette somme seront servis sur le pied de 5 pour 100 par an, de trois en trois mois, à partir du versement du capital.

Le futur recevra pour prix de sa coopération :

1° A titre d'appointements fixes, une somme annuelle de 1,500 fr., payable par douzièmes, de mois en mois.

2° Et à titre de participation, 1 1/2 pour 100 sur le produit brut de la totalité des ventes qui seront faites pendant la durée de sa coopération, laquelle participation sera réglée et payée de six en six mois.

A l'expiration des quatre années le futur aura la faculté de succéder à M. son père.

En vue d'une option affirmative, le futur devra, un an avant l'expiration de ses quatre années de coopération intéressée, demander à M. son père de fixer la valeur des fonds de commerce, clientèle et matériel industriel et le loyer annuel des lieux pendant neuf ans.

Si les données fournies par M. père conviennent au futur, le contrat de vente sera immédiatement rédigé sur ces bases, et signé.

Si lesdites données ne convenaient pas au futur, et si ce dernier ne pouvait, contre toute attente, s'entendre avec M. son père, l'estimation du fonds et du loyer seraient faites par deux experts respectivement choisis, qui en cas de désaccord s'adjoindront un tiers expert. Si les experts ne s'entendent pas sur le choix du tiers expert, il sera désigné par M. le Président du Tribunal de commerce de la Seine.

Le futur restera libre d'accepter ou de ne point accepter le résultat de l'expertise. S'il n'acceptait pas, il ne pourrait s'intéresser directement ou indirectement dans aucun établissement du même genre dans un rayon de

En cas d'acceptation, le futur prendra les marchandises se trouvant en magasin au jour de la prise de possession fixée à l'expiration des quatre années de coopération intéressée.

Ces marchandises seront estimées, soit d'accord entre les parties, soit par expert et tiers-expert de la manière ci-dessus indiquée.

Sur le prix réuni du fonds de commerce et des marchandises, le futur imputera les 60,000 fr. qui lui ont été constitués en dot par ses père et mère et qui sont stipulés exigibles dans quatre ans du jour de la célébration du mariage ; il payera 60,000 fr. avec le solde exigible à cette même époque de la dot constituée à la future.

De plus, les 30,000 fr. qui seront versés par le futur dans la maison de commerce de M. son père seront conservés par ce dernier sur ledit prix.

Enfin, quant au surplus, si surplus il y a, il sera payé en trois années, par tiers, avec intérêts à 5 pour 100 par an, à partir du jour de la prise de possession, payables de trois en trois mois.

M. père autorise M. son fils à donner à la maison la dénomination de maison père et fils; mais la signature et la raison sociale, s'il y a lieu d'en prendre une, ne pourront pas contenir le nom de M. père.

Le futur étant devenu successeur de M. son père, ce dernier ne pourra s'intéresser directement ou indirectement dans aucun établissement du même genre.

Si, pendant ses quatre années de coopération il convenait au futur d'abandonner la situation qui lui est faite par les conventions qui précèdent, il serait libre à tout moment d'y renoncer et de se retirer de la maison ; mais il ne pourrait dans aucun cas s'intéresser directement ou indirectement dans aucun établissement semblable sans le consentement de M. son père.

En cas de décès du futur avant l'expiration desdites quatre années, les présentes conventions seront considérées comme nulles et non avenues à compter du jour du décès du futur. Le prorata de ses appointements fixes et de sa remise proportionnelle sera dû jusqu'au jour dudit décès, et à l'égard de la dot constituée au futur les parties resteront dans les termes du contrat de mariage.

En cas de décès de M. père avant la même époque, le futur pourra immédiatement succéder à M. son père dans les mêmes conditions que ci-dessus.

Dans ce cas, le prix et le loyer seront réglés soit à l'amiable, soit par deux experts choisis, le premier par le futur, et le second par les autres héritiers et représentants de M. son père. Si parmi lesdits héritiers et représentants il existe des mineurs ou autres incapables, ledit second expert sera désigné par M. le Président du Tribunal civil de la Seine. En cas de désaccord, les experts s'adjoindront un tiers-expert, et s'ils ne s'entendent pas sur le choix de ce tiers-expert, il sera désigné par M. le Président du Tribunal civil de la Seine.

Après la fixation du prix et du loyer, M. fils sera libre d'accepter ou de refuser, ainsi qu'il avisera.

141
Donation d'une somme à provenir de la vente d'un bien dotal. (art. 1556.)

Avant de faire la constitution de dot ci-après indiquée, M. et Mme déclarent qu'ils sont mariés sous le régime dotal avec stipulation que tous biens présents et à venir de Mme seraient dotaux et pourraient être vendus, sauf à faire du prix des remplois prévus, aux termes d'un contrat passé devant Me , notaire à ;

que Mme est propriétaire pour un tiers d'un immeuble comme héritière dans cette proportion de , et que M. a acquis les deux autres tiers suivant jugement , de sorte que ledit immeuble se trouve indivis entre M. et Mme

M. et Mme ajoutent qu'ils sont dans l'intention de vendre ledit immeuble par lots, et que, par application du contrat de mariage de Mme , il y aurait lieu de faire un emploi de quatre douzièmes sur le prix de vente de chaque lot, comme représentant la quotité dont Mme est propriétaire dans ledit immeuble, mais que cet emploi cessera d'être obligatoire pour la quotité de dans chaque prix, attendu la volonté des donateurs d'aliéner dans cette proportion cette fraction dotale en vertu de l'autorisation contenue dans l'art. 1556 du Code civil.

Cet exposé fait, M. et Mme constituent en dot solidairement entre eux, au futur époux qui accepte, à imputer une somme de , à prendre sur les prix à provenir de la vente que les donateurs se proposent d'accomplir dudit immeuble appelé

Le futur époux recevra cette somme par l'encaissement de trois quatorzièmes de chaque prix des ventes qui pourront être faites ; et dans ces trois quatorzièmes la quotité de , applicable à la contribution de M dans la présente dot, sera prise sur les quatre douzièmes appartenant à cette dame.

Si lesdits ne se trouvaient pas payés par la voie susindiquée au jour du décès des donateurs, cette somme serait acquittée dans ladite proportion par les successions des donateurs, sauf l'effet de la solidarité ci-dessus stipulée.

Lesdits produiront intérêts sur le pied de pour 100 à partir du jour du mariage. Ces intérêts seront payables sous ladite solidarité, au lieu qui sera indiqué par les donateurs, de trois en trois mois, et décroîtront, bien entendu, dans la proportion des à-compte payés sur le capital.

142 Donation d'une somme avec faculté de se libérer en un immeuble que l'on hypothèque.

La somme de   qui sera productive, à partir du mariage, d'intérêts sur le pied de 5 pour 100 payables de trois en trois mois.

Les donateurs auront le droit, qu'ils se réservent expressément, de fournir cette somme, quand bon leur semblera, en abandonnant pour pareille somme à la future épouse une maison sise à   qui appartient à la donatrice comme lui provenant, etc.

La future épouse sera tenue de recevoir cet immeuble, si bon semble aux donateurs, qui en l'abandonnant seront entièrement quittes de ladite dot; et alors la future épouse sera tenue d'acquitter, à compter du jour où commencera sa jouissance, les contributions foncières et autres charges de l'immeuble, de souffrir les servitudes s'il en existe, d'exécuter tous baux et toutes polices d'assurance et de payer tous frais et droits.

Les donateurs hypothèquent spécialement, pour sûreté du payement de ladite dot en principal et accessoires, ladite maison sise à   (1).

---

143 Acte qui réalise ultérieurement cet événement.

(1) *Lorsque les donateurs usent de la faculté ainsi réservée, le payement de la dot doit être constaté de préférence par acte authentique.*

Après avoir rappelé littéralement les termes de la constitution de dot, on continue ainsi :

En cet état de choses, M. et Mme   , pour fournir ladite dot, et en conséquence du droit qu'ils se sont formellement réservé dans ledit contrat de mariage, ont abandonné en propriété pleine et entière, pour pareille somme de   , à   , qui accepte, ladite maison, sise à   , telle qu'elle se poursuit, etc., et telle qu'elle appartient à Mme   de la manière expliquée dans un établissement de propriété dressé sur un état séparé qui est demeuré ci-annexé.

Au moyen du présent abandonnement, la future se reconnaît entièrement remplie de ladite dot, et conséquemment elle en décharge définitivement les donateurs.

La future disposera et jouira de ladite maison à partir de ce jour.

Cet abandonnement est fait aux charges et conditions suivantes, que la future s'oblige d'exécuter et accomplir, savoir :

1° De prendre ladite maison dans l'état où elle se trouve actuellement, sans pouvoir exiger aucune indemnité à raison des réparations dont elle peut être susceptible;

2° D'acquitter, à compter de l'entrée en jouissance, les contributions foncières, etc. (*Indiquer toutes les conditions ordinaires d'une vente ; la clause de*

144 Donation de moitié d'un immeuble, sous réserve de l'usufruit jusqu'à concurrence d'un revenu de .

En considération du mariage, M. et Mme constituent en dot solidairement au futur époux, leur fils, qui accepte, avec imputation d'abord sur la succession du premier mourant des donateurs et subsidiairement sur la succession du survivant, la moitié qui va devenir indivise avec les donateurs dans la terre de , d'une contenance de , composée de , le tout situé sur .

Sont formellement exceptés de la présente donation, tous cheptel, instruments aratoires, matériel d'exploitation, quoique immeubles par destination, pouvant exister sur la terre de et dépendances, les donateurs entendant se réserver exclusivement la propriété de ces objets.

M. et Mme se réservent l'usufruit pendant leur vie et la vie du survivant d'eux de la moitié d'immeubles qu'ils viennent de constituer en dot à leur fils; seulement les donateurs s'obligent solidairement à lui remettre, sur les revenus de ladite moitié, qui sont supérieurs à la somme dont il va être parlé, la somme annuelle de francs, en deux payements égaux de six mois en six mois à partir du jour du mariage.

M. et Mme seront dispensés de fournir caution, et ils ne seront tenus de faire aucun état de situation des biens soumis à leur usufruit, mais d'un autre côté ils prendront à leur charge toutes les réparations qui pourront être à faire auxdits biens, même celles qui d'après la loi sont à la charge des nu-propriétaires, et ils acquitteront et supporteront, sans recours possible contre le futur, toutes les charges dont lesdits biens pourront être grevés.

---

145 Constitution d'une rente à capital fixe imputable sur la succession du prémourant des donateurs.

Une rente annuelle de dont les arrérages seront payables à partir du jour du mariage, savoir : une première fois pour un trimestre et ensuite de six en six mois à Paris au lieu qui sera indiqué par les donateurs.

Le capital de cette rente sera exigible au décès du prémourant des

---

transcription et de garantie en cas d'inscription, les déclarations d'état civil, la remise des titres et le règlement sur les loyers payés d'avance.)

IL N'EST PERÇU, AU SUJET DUDIT ACTE ET DUDIT CONTRAT DE MARIAGE, QU'UN SEUL DROIT DE DONATION ET DE TRANSCRIPTION.

donateurs jusqu'à concurrence des droits héréditaires de la future dans la succession du prédécédé, après épuisement du rapport occasionné par la donation des objets indiqués dans les nos..... du premier article. — Le surplus ne sera exigible qu'au décès du survivant des donateurs.

146
Constitution d'une rente remboursable sur le pied du cours légal de la rente sur l'État.

En considération du mariage, Mme constitue en dot à M. , qui accepte, une rente de au capital minimum de à imputer d'abord sur la succession ouverte de M. . et subsidiairement sur celle de la donatrice. De laquelle rente les arrérages seront payés par au futur époux à partir du jour du mariage, en deux termes, les 1er et 1er de chaque année, de sorte que le premier payement à échoir le comprendra le prorata couru du jour du mariage jusqu'à cette époque. La donatrice remboursera cette rente quand bon lui semblera pendant sa vie, mais elle ne pourra effectuer ce remboursement sans fournir non-seulement ledit capital, mais encore, suivant le cours de l'argent au jour du remboursement, une somme suffisante pour obtenir avec les intérêts en rente sur l'État français 3 p. 100 ledit revenu de . Le donataire aura le droit de demander le remboursement de ladite rente sur le taux ci-dessus indiqué après le décès de la donatrice.

147
Donation d'une somme exigible au décès du donateur, avec hypothèque et faculté de transférer cette hypothèque.

D'une somme de exigible seulement au décès du donateur, sans intérêt jusqu'à cette époque; mais passé cette époque, ladite somme produira des intérêts de plein droit à pour 100 par an jusqu'à payement effectif, le tout à prendre sur les plus clairs deniers de la succession du donateur.

Pour garantir à la future épouse le payement de ladite somme en principal et accessoires, M. hypothèque spécialement (*désignation et établissement de propriété de l'immeuble hypothéqué*).

Il est expressément stipulé que dans le cas où M. viendrait à disposer de ladite propriété, par vente, échange ou autrement, les futurs époux seront tenus de se désister de leur droit d'hypothèque sur ledit immeuble, et de donner main-levée de toutes inscriptions, à la charge par M. de fournir aux futurs époux en échange, à leur choix, une première hypothèque de pareille somme sur un autre immeuble représentant une valeur double de cette somme, ou une inscription de rente sur l'État de la somme de , immatriculée pour la nue propriété au nom de la future épouse, et pour l'usufruit au nom du donateur.

148
Donation d'une quotité dans des successions à recueillir par les donateurs.

En outre, M. et Mme , en considération du mariage, voulant faire profiter la future épouse, leur fille, de l'amélioration qui pourrait survenir dans leur position de fortune par suite de successions, donations ou legs qui adviendront à l'un ou l'autre d'entre eux, s'obligent solidairement à remettre à la future épouse, toujours en avancement d'hoirie et par imputation sur les droits de cette demoiselle dans la succession du premier mourant de ses père et mère, et en cas d'excédant à valoir sur la succession du survivant, une somme égale à la valeur du quart des biens meubles et immeubles de toute nature qui pourraient advenir à l'un ou à l'autre d'entre eux desdites successions, donations ou legs sans en rien excepter ni réserver.

Prenant l'engagement formel de remettre aux futurs époux cette somme constituée en dot dès à présent sous condition éventuelle, dans l'année au plus tard de la disposition et jouissance qu'ils auraient de ces successions, donations ou legs, mais sans que la future épouse ait en aucune manière le droit d'intervenir dans les opérations ayant pour objet leur liquidation.

La rente viagère de ci-dessus donnée sera alors éteinte jusqu'à concurrence de l'intérêt calculé à 5 pour 100 de la somme remise à la future épouse sur la première succession, le premier don ou legs recueilli par l'un ou l'autre de ses père et mère, et si le capital de cette rente avait été remboursé, il serait déduit du montant des valeurs à lui remettre pour la remplir du quart dont il s'agit.

Cette rente sera également éteinte dans le cas où la future épouse recueillerait personnellement une succession dans laquelle son émolument produirait un revenu égal ou supérieur à ladite rente, qui sera confondue dans ladite succession.

Dans le cas où la future épouse viendrait à décéder avant ses père et mère sans laisser d'enfants, lesdits sieur et dame ne seront plus tenus de faire ladite remise à ses héritiers et représentants.

149 Supplément de dot garanti jusqu'à l'événement d'une succession.

En considération du mariage, M. et Mme constituent en dot solidairement au futur époux, qui accepte, en avancement d'hoirie à imputer d'abord sur la succession du prémourant, et subsidiairement, s'il y a lieu, sur la succession du survivant :

1° Un trousseau;

2° Une somme exigible le

Et 3° sous la condition ci-après exprimée, une somme de B pour compléter au futur époux, avec lesdits et lesdits une dot de . Mais la donation de ces B n'est ainsi faite au futur époux que pour le cas où il ne recueillerait pas de toute autre personne que de ses père et mère, avant le décès du dernier mourant des donateurs, par succession, donation ou legs (ou pour le cas où le prédécès du donataire arrivant, ses descendants ne recueilleraient pas de toute autre personne par succession et par représentation), une autre somme de B au moins en immeubles, rentes ou valeurs quelconques.

La présente donation de B sera réputée nulle et non avenue pour la totalité, dans le cas où le futur époux ou ses descendants par représentation recueilleraient de la manière qui vient d'être exprimée une valeur de B ou toute autre valeur supérieure, et elle sera réduite à la somme nécessaire pour compléter lesdits B, dans le cas où la valeur recueillie serait inférieure à cette somme. — La somme ainsi donnée par M. et Mme ne sera exigible que dans les six mois du décès du survivant des donateurs, mais elle pourra être payée par anticipation, à la volonté des donateurs, en prévenant trois mois d'avance. Lesdits donateurs s'obligent, sous ladite solidarité, à servir les intérêts de ladite somme sur le pied de 5 pour 100 par an sans retenue, de six en six mois à partir du jour du mariage. Ces intérêts cesseront progressivement après un an du jour où le futur époux ou ses enfants auraient droit aux fruits et revenus de la valeur recueillie; et il est bien entendu que le futur époux ne sera tenu à aucun rapport pour les intérêts de ce supplément de dot.

Tous payements en principal et intérêts auront lieu à , en la demeure des donateurs ou en tout autre lieu de cette ville qu'ils indiqueront.

Il est bien entendu que les clauses d'inaliénabilité et les charges de restitution ou de droit de retour dont pourraient être grevés les biens que recueillerait le futur époux ne feront point obstacle à l'application de la condition suspensive qui précède.

150
Donation par des aïeuls à leur petite-fille avec imputation par le fils sur la succession des aïeuls et par la petite-fille sur la succession du fils d'une somme fixe et d'intérêts rapportables ou non rapportables.

En considération du mariage, et d'accord avec M. son fils, ainsi que ce dernier le reconnaît et accepte, Mme A... fait donation à la future épouse, sa petite-fille, qui accepte, d'une somme de   francs, qui ne sera exigible qu'au décès de Mme veuve A..., mais dont cette dame s'oblige à payer les intérêts en sa demeure, de trois mois en trois mois, sur le pied de 5 p. 100 par an, à partir du jour du mariage jusqu'à payement effectif.

Pour maintenir dans la succession future de Mme A... l'égalité entre ses enfants, M. B..., ainsi que le reconnaît expressément ce dernier, sera considéré vis-à-vis de Mme A... comme ayant reçu d'elle directement : 1° ladite somme de   francs, 2° *et les intérêts que cette somme produira jusqu'au décès de Mme A...*

En conséquence, et de convention expresse, M. B... ou ses représentants rapporteront à la succession de Mme A... : 1° ladite somme principale de   francs, 2° *et somme égale au montant des intérêts qui auront été payés par ladite dame ou sa succession.*

D'un autre côté, pour maintenir dans la succession future de M. B... l'égalité entre les enfants de ce dernier, la future épouse, ainsi qu'elle le reconnaît et accepte, sera considérée vis-à-vis de M. B... comme ayant reçu de lui directement ladite somme de   francs ; et la future épouse s'oblige, par suite, à rapporter cette somme de   francs à la succession de M. son père avec intérêts du jour du décès de ce dernier.

Il est bien entendu que si, M. B... venant à décéder avant les aïeuls de la future épouse, celle-ci était appelée à recueillir la succession de ces derniers, elle n'aurait personnellement aucun rapport à effectuer à ces successions pour raison de ces   francs, attendu que, d'après ce qui vient d'être dit, le rapport en serait ou en aurait été dû auxdites successions par la succession de M. B..., c'est-à-dire par tous les enfants héritiers de ce dernier conjointement, et que la future épouse n'en devra jamais le rapport qu'aux successions de ses père et mère.

L'enregistrement ne perçoit qu'un droit de donation sur cette disposition (1).

---

153 Donation par une aïeule à sa petite-fille et par la fille à sa fille d'une seule et même rente jusqu'au décès de l'aïeule ou jusqu'à ce que la petite-fille recueille de toute personne autre que son futur une rente correspondante.

En considération du mariage, Mme A. (aïeule) et Mme B. (mère de la future), font donation, Mme B. après la vie de Mme A., s'il y a lieu dans les conditions qui vont être exprimées, *sans solidarité entre elles*, à la future épouse, qui accepte pour elle et pour ses enfants ou descendants seulement, d'une seule et même rente annuelle et viagère de 3,000 francs dont les arrérages courront au profit de la future épouse et de ses descendants à partir du jour de la célébration du mariage, et seront payables de trois mois en trois mois.

Cette rente, en ce qui concerne la constitution faite par Mme A., ces-

---

(1) *Si avant le décès de l'aïeul le fils veut payer ce supplément de dot, il y a lieu de constater ce payement par acte authentique, d'après la forme suivante :*

151 Modèle d'acte en cas de payement anticipé par le fils à la petite-fille.

Et le

Par-devant Me et Me , son collègue, notaires, etc.

ONT COMPARU :

M. A... et Mme , son épouse, qu'il autorise, demeurant ensemble à D'UNE PART;

Et M. B..., négociant, et Mme , son épouse, qu'il autorise, demeurant ensemble à ; D'AUTRE PART.

Lesquels ont dit et fait entre eux ce qui suit :

Aux termes du contrat de mariage de M. et Mme B..., reçu par Me , notaire à , le , dont minute précède, M. et Mme A..., père et mère de M. B..., outre une dot dont ils se sont libérés aux termes du contrat, et pour le cas où la future épouse ne recueillerait pas de toute autre personne que de ses père et mère avant le décès du dernier mourant d'eux, par succession, donation ou legs, une somme de francs au moins en immeubles, rentes, créances ou valeurs quelconques, lui ont constitué en dot une somme de francs, ou celle qui serait nécessaire pour compléter avec la valeur recueillie ladite somme de francs, laquelle somme donnée n'est exigible que dans les six mois du décès du survivant des donateurs, et produit à compter du jour du mariage des intérêts à 5 pour 100 l'an, payables de trois mois en trois mois.

Cette donation éventuelle ne donne actuellement ouverture à aucune action contre les donateurs pour ce qui concerne le capital, puisqu'elle peut être annulée en tout ou en partie par l'accomplissement de la condition résolutoire sous laquelle elle a été faite, et que d'ailleurs ce capital n'est exigible qu'au

sera de plein droit d'être servie 1° à partir du jour du décès de Mme A ; 2° ou à partir du jour du prédécès de la donataire, si elle ne laisse pas de descendants; 3° ou, en cas d'existence de descendants, à partir du jour du décès du dernier vivant de ses descendants qui auraient recueilli dans la succession de leur mère le profit temporaire de cette rente jusqu'à la réalisation éventuelle de l'événement qui va être prévu; 4° ou enfin à partir du jour où, avant l'un ou l'autre des prédécès qui viennent d'être mentionnés, la future épouse, ou, à son défaut, ses descendants, devenus ses héritiers, recueilleraient par successions, donations ou legs (*de toute personne autre que le futur dans leur ligne paternelle*, ou *dans leur ligne maternelle*), une valeur en immeubles ou en meubles présentant un revenu annuel net d'au moins 3,000 francs. Cette rente diminuerait portionnellement si ce revenu était inférieur.

---

décès du dernier mourant des donateurs; mais M. et Mme A... ont jugé à propos, dans les circonstances actuelles, de mettre à la disposition de leur gendre et fille cette somme de   francs, à charge de remboursement ou restitution dans les cas ci-après prévus, et, cette offre ayant été acceptée, elle a été exécutée ainsi qu'il suit :

M. et Mme B... reconnaissent avoir à l'instant reçu de M. et Mme A... la somme de   francs.

Ledit capital de   francs n'est ainsi remis entre les mains de M. et Mme B..., qu'à la charge par eux, non-seulement d'en opérer la restitution en tout ou en partie en cas d'échéance de la condition résolutoire, mais encore, avant cette époque, de la rembourser à M. et Mme A..., ou au survivant d'eux, sur leur simple demande, et dans les termes qui vont être convenus, de manière à remettre les choses dans l'état où elles étaient avant les présentes conventions.

Ainsi, la remise de fonds qui vient d'être effectuée n'opère dès à présent et définitivement la libération de M. et Mme A... qu'à l'égard des intérêts qu'ils s'étaient obligés de servir ; à l'égard du capital, l'avance qui vient d'en être faite ne constitue qu'un simple prêt dont les intérêts se compensent avec ceux des   francs de la donation éventuelle, et ne constitue un payement anticipé qu'autant que le remboursement n'en aurait pas été demandé et effectué à l'époque où la condition résolutoire viendrait à s'accomplir ou au terme fixé pour le payement la condition ne s'étant pas accomplie, lequel payement anticipé donnera lieu à restitution pour le cas d'accomplissement de la condition résolutoire.

Et, en conséquence, M. et Mme B... s'obligent conjointement et solidairement à rendre et rembourser à M. et Mme A..., ou au survivant d'eux à leur première demande, la somme capitale de   francs qu'ils viennent de

Dans le cas où ladite rente viagère cesserait d'être servie par Mme A. par le fait de son décès, ladite rente incomberait à partir de ce moment, sans solidarité pour le passé ni pour l'avenir, ainsi qu'on l'a déjà mentionné, à Mme B. laquelle ne s'y oblige elle-même que limitativement sur son émolument héréditaire dans la succession de Mme A. Les arrérages à servir par Mme B. ne pourront excéder les revenus nets de cet émolument, et ils cesseront d'être dus au delà des termes conditionnels qui ont été stipulés dans le paragraphe précédent.

---

154 Lien de relation après le décès des aïeuls avec une autre constitution de dot faite à un autre enfant du vivant des aïeuls.

Lorsque, par suite du prédécès de l'aïeule, la dot faite à la petite-fille devient imputable sur la succession du père, et lorsque, à l'occasion du mariage d'un autre de ses enfants, le père veut que dans la dot faite par

---

recevoir, pourvu que cette demande soit faite trois mois avant l'époque fixée pour le remboursement, lequel ne pourra être exigé avant un an de ce jour. En outre, dans le cas où la condition résolutoire viendrait à s'accomplir avant que le remboursement fût effectué, M. et Mme B... s'obligent solidairement à rendre et restituer à M. et Mme A..., ou au survivant d'eux, dans les trois mois du jour où Mme B... aurait recueilli par succession, donation ou legs, un immeuble, rente, créance ou valeur quelconque, ladite somme de francs, si la valeur recueillie est égale ou supérieure, ou, si la valeur recueillie était inférieure à francs, la somme qui excéderait celle qui serait nécessaire pour, avec la valeur recueillie, compléter lesdits francs, le tout avec les intérêts à 5 pour 100 de la somme à restituer, à compter du jour où Mme B... aurait droit aux fruits de la valeur recueillie.

Enfin, pour le cas où, à l'époque fixée pour l'exigibilité des francs formant l'objet de la donation éventuelle (le décès de M. et Mme A...), le remboursement des francs qui viennent d'être payés n'ayant pas été effectué, la condition résolutoire ne serait pas accomplie, M. et Mme B... reconnaissent que le payement par anticipation qui vient de leur être fait libère complétement M. et Mme A..., envers eux, du montant de la donation éventuelle qu'ils avaient faite à leur fille, leur en donnant dès à présent, et pour ledit cas, quittance et décharge définitive.

Si l'aïeul et la femme du fils craignent que par le prédécès du fils la succession de l'aïeul ne soit dévolue directement aux petits-enfants, et que par cet événement la femme du fils, privée de tout droit d'usufruit sur une succession advenue après le décès du fils, ne soit gênée, il peut y avoir lieu, pour favoriser la dot sans nuire à cet intérêt respectable, de faire faire par l'aïeul le testament ci-après formulé, qui, quoique révocable, peut donner toute confiance dans certaines familles.

lui intégralement une portion de cette dot corresponde à la dot que l'aïeule avait fournie, il y a lieu d'appliquer ainsi qu'il suit cette relation :

M. B., pour égaliser la situation du futur époux avec celle de sa sœur (Mme), qui lors du contrat de mariage de cette dernière, passé devant , a reçu de Mme A. mère de Mme B., qui en a fait le rapport à la succession de Mme A., et de M. B. conjointement, avec imputation sur la succession de M. B. en cas de prédécès de Mme A., une somme de .

Constitue en dot à M. C., qui accepte, pareille somme de qui sera imputable sur la succession de M. B. etc.

---

155 Donation d'une rente viagère sur la tête de la donatrice.

Une rente annuelle et viagère de , sur la tête de la donatrice, au profit de la future épouse et des enfants à naître du mariage.

---

152 Modèle de testament pour combiner la donation faite par des aïeuls avec des contrats de mariage contenant donation par le fils.

Ceci est mon testament :

Voulant, autant qu'il est en moi, concourir à maintenir l'égalité entre mes petits-enfants, comme j'ai eu le bonheur de la maintenir entre mes enfants ;

Et, considérant que M. et Mme A..., mes fils et bru, en constituant à chacun des trois enfants qu'ils ont mariés une même dot de 40,000 francs, indépendamment pour chacune des deux filles d'un trousseau dont je n'ai pas à m'occuper en ce moment, ont été amenés à stipuler des conditions d'imputation sur leurs successions, qui, étant différentes au regard de chacun de leurs enfants, constitueraient en résultat des inégalités dans les partages à intervenir;

Particulièrement dans le contrat de mariage de M. B... avec Mlle A..., passé devant Me , notaire à , le , la dot de Mme B... a été stipulée imputable d'abord sur la succession du premier mourant de ses père et mère, et subsidiairement sur la succession du survivant. — Dans le contrat de mariage de M. C... avec la seconde fille de M. et Mme A..., passé devant Me , notaire à , le , la dot de Mme C... a été stipulée imputable dans les mêmes termes, et dans le contrat de mariage de M. A... fils, la dot a été divisée en deux parties : l'une, de 15,000 francs, imputable purement et simplement comme les précédentes, et l'autre partie, de 25,000 francs, a été subordonnée à l'événement qui pourrait livrer à M. A..., par succession, donation ou legs une semblable somme de 25,000 francs ou toute autre somme inférieure, la volonté des donateurs ayant été de ne concourir de leur vivant à faire ou compléter lesdits 25,000 francs que dans le cas où M. leur fils n'aurait pas recueilli durant leur vie, par succession, donation ou legs, tout ou partie d'une somme semblable de 25,000 francs.

Cette rente courra à partir du , sera payable par trimestre à , et sera éteinte au jour du décès de la mère de la future.

---

156 Rente subordonnée à la vie du donateur et à un événement.

En considération du mariage, M. constitue en dot à la future épouse, sa fille, qui accepte, une rente annuelle et viagère de 1,200 francs sur la tête du donateur au profit de la future épouse et des enfants à naître du mariage s'il y a lieu, payable de trois mois en trois mois à partir du jour de la célébration du mariage.

Mais il est formellement entendu que cette rente décroîtra au denier vingt au fur et à mesure des payements qui seront faits à la future épouse sur les 24,000 francs énoncés sous le n° de son apport en mariage, et cette rente se trouvera conséquemment éteinte quand la future épouse aura reçu lesdits 24,000 francs.

---

157 Autre par le survivant des père et mère avec réduction ou augmentation subordonnée à un événement.

En considération du mariage, M. A. constitue en dot à la future épouse, qui accepte, une rente fixée en ce moment à la somme annuelle de , mais variable ainsi qu'on le dira ci-après, pour assurer en tout temps à la future épouse, avec l'intérêt à 5

Ce qui dans l'application produit ce résultat : Que dans le cas où je viendrais à mourir après avoir eu le malheur de perdre mon fils, Mmes B... et C... recueilleraient directement la totalité de leurs droits dans ma succession et n'en conserveraient pas moins la totalité de leur dot, tandis que M. A... fils, en recueillant ma succession, ne conserverait d'une manière certaine que la partie de 15,000 francs sur sa constitution de 40,000 francs, et qu'il ne conserverait de la seconde partie de 25,000 francs que ce qui pourrait lui être nécessaire pour compléter une semblable somme de 25,000 francs dans ses droits héréditaires.

Au point de vue de ma bru, je suis frappé d'une conséquence desdites différences, à savoir, que son mari m'ayant prédécédé dans ladite hypothèse, elle rentrerait dans tout ou partie d'une somme de 25,000 francs sur la dot constituée à son fils, tandis qu'elle ne rentrerait dans aucune somme sur la dot constituée à ses deux filles.

Pour obvier autant que possible à ces divers inconvénients, je donne et lègue à ma bru, sur la part que chacune de Mmes B... et C... recueillera dans ma succession, l'usufruit pendant sa vie, à partir de mon décès, sans charge de caution ni d'emploi, d'une somme égale à celle qui lui sera rétablie en conséquence de ladite convention sur la dot de son fils par l'événement du partage de ma succession.

Paris, ce

pour 100 par an des capitaux compris dans les apport et donation contenus sous les art. et du présent contrat, un revenu annuel de

Le capital de ladite rente ou de toute autre qui en tiendrait lieu sera calculé au denier vingt, et imputable sur les droits héréditaires de la future épouse dans la succession du donateur, sans pouvoir devenir exigible du vivant de ce dernier.

Dans le cas où la future épouse recueillerait des successions, donations ou legs avant le décès du donateur, la rente donnée serait diminuée d'une somme annuelle correspondante au revenu des biens ainsi recueillis par la future, et si, durant la vie du donateur, les revenus de ces mêmes biens venaient à diminuer, la rente donnée remonterait à telle somme annuelle nécessaire pour en tout temps assurer à la future épouse, avec les intérêts appréciés à 5 pour 100 des capitaux compris aujourd'hui dans lesdits apport et donation, un revenu minimum de par an.

---

158 Autre par un aïeul tant qu'il restera en possession de la succession de sa femme et subordonnée à une autre rente faite par les père et mère.

Cette rente sera imputable sur la succession de l'aïeule de la future épouse, soit pour les arrérages, soit pour le capital, si le remboursement en avait été opéré ; et cette rente n'étant qu'une avance sur cette succession, il est bien entendu et convenu que M. , aïeul de la future épouse, n'en sera personnellement débiteur que tant qu'il conservera entre ses mains les valeurs dépendant de la succession de madame son épouse ; mais, dans le cas où les héritiers ou représentants de cette dame lui demanderaient compte et partage de cette succession, ou dans le cas où il lui conviendrait de rendre compte, alors il ne sera plus tenu du service de la rente présentement constituée, les père et mère de la future devant alors le garantir de toute action à cet égard, ainsi qu'ils s'y obligent solidairement.

Cette rente, au surplus, sera éteinte, ainsi qu'il a été stipulé pour celle constituée par les père et mère de la future, un an à partir de l'entrée en jouissance par la future épouse du quart de la première succession qui écherra à l'un d'eux, ou un an après l'ouverture de la succession que la future aurait recueillie personnellement et dans laquelle son émolument produirait un revenu égal ou supérieur auxdites deux rentes de et de .

159
Autre de même nature avec obligation par les père et mère d'acquitter la rente lorsque l'aïeul cessera de la payer.

Cette dot est ainsi constituée par M.   , aïeul de la future épouse, sous la condition expresse que, dans le cas où, par suite desdits compte et partage, il ne conserverait plus entre ses mains la part revenant à madame sa fille dans la succession de madame son épouse, la rente perpétuelle de   , par lui déjà constituée en dot à la fille aînée de sa fille aux termes de son contrat de mariage reçu par Me   , notaire à   , le   , sera supportée par M. et Mme   , père et mère de la future, qui devront audit cas, ainsi qu'ils s'y obligent, servir ou rembourser cette rente en son acquit, de manière qu'il ne soit nullement inquiété ni recherché à l'égard de cette rente.

L'aïeul et les père et mère de la future entendant que, dès que M.   aïeul n'aura plus, pour telle cause que ce soit, la jouissance des valeurs dépendant de la succession de madame son épouse, il soit entièrement déchargé du service et du payement de la rente présentement constituée et de la rente précédemment constituée par lui à la sœur aînée de la future épouse, aux termes du contrat susénoncé.

Et même dans le cas où M.   aïeul rendrait compte des revenus de la succession de madame son épouse depuis le jour du décès de cette dame, les arrérages payés par lui de la rente présentement constituée à la future épouse et de la rente par lui constituée à la sœur de la future, depuis le jour du mariage de chacune d'elles jusqu'au jour de la reddition dudit compte, seront imputés sur la portion qui reviendrait à Mme   , mère de la future, et à ses représentants dans les revenus de la succession de Mme   aïeule.

160
Autre par les père et mère réductible suivant l'importance des revenus de l'émolument dans la succession du prédécédé.

En considération du mariage, M. et Mme   constituent en dot solidairement au futur époux, leur fils, qui accepte, une rente annuelle et viagère de   , incessible et insaisissable, qui courra à partir du mariage et qui sera servie jusqu'au décès du survivant des époux et des enfants à naître du mariage, époque à laquelle ladite rente sera éteinte et amortie.

Cette rente, en cas de décès de l'un des donateurs, sera diminuée d'un chiffre annuel égal au revenu que produira, au jour du décès du prémourant, l'émolument du futur ou de ses enfants dans la succes sion du prédécédé des donateurs. Conséquemment, elle sera complétement éteinte si ce revenu atteint ou dépasse le chiffre de au jour du décès du prémourant des donateurs, le tout, quelles que soient les modifications qui pourront advenir ultérieurement dans ce chiffre.

Lorsque la dot est constituée sous cette forme, il y a lieu d'adopter une forme correspondante pour la donation entre époux. Voir la formule 220.

161
Constitution de dot avec imputations particulières à trois enfants de second lit au regard d'un frère consanguin.

En faveur du mariage, M. et Mme font donation entre-vifs à Mlle , leur fille, qui accepte, etc.

Cette dot est constituée dans les mêmes termes et conditions que celle qui a été faite à M. , frère germain de la future, suivant son contrat de mariage avec Mlle , passé devant Me , notaire à , le .

En conséquence elle s'imputera dans la succession du père d'abord sur toute la quotité disponible de cette succession par préciput et hors part et subsidiairement sur la réserve du donataire.

En cas d'insuffisance de la succession de M. , ladite somme s'imputera subsidiairement sur la succession de Mme , mais sans préciput et avec charge de rapport à cette dernière succession, et aussi sans préjudice de l'exercice plein et entier des droits de la future comme héritière dans la succession de madame sa mère.

M. père se réserve la faculté de faire au profit de son troisième enfant du second lit, par acte entre-vifs ou testamentaire, des dispositions de mêmes sommes que celles qu'il a ainsi faites à M. et à Mlle , chacun individuellement et dans les mêmes termes.

En conséquence, et dans le cas où il décéderait après avoir usé de cette faculté, il entend que les droits de ses enfants du second lit soient réglés entre eux et à l'égard de sa succession, sur un pied de parité absolue, nonobstant la différence des époques où ces dispositions auraient été faites, de telle sorte que, si les dispositions projetées ont lieu, elles seront, ainsi que celles faites présentement et celles déjà faites, soumises aux mêmes avantages et charges, profitant à ceux desdits enfants qui y seront appelés concurremment et sans préférence entre eux.

162
Autre par des sœurs de la future en attendant les successions des père et mère et réductible suivant l'émolument dans la première de ces successions. (Voir formule n° 220.)

En considération du mariage, Mmes , sœurs de la future, constituent en dot solidairement entre elles (*mais s'il n'y a point lieu à solidarité*, chacune par), à la future épouse, qui accepte, une rente annuelle et temporaire de 1,200 francs payable de trois mois en trois mois à partir du jour de la célébration du mariage, au domicile à qui sera indiqué par la future épouse.

Les arrérages de cette rente seront indivisibles entre les héritiers des donatrices.

Cette rente s'éteindra au décès du prémourant des père et mère de la future pour la portion correspondante à l'intérêt à 5 p. 100 de l'émolument de la future dans la succession dudit prémourant, et elle sera complétement éteinte au jour où la future aura recueilli dans les successions de ses père et mère la toute propriété d'une somme principale de 24,000 fr.

Toutefois, dans le cas où la future épouse décéderait sans avoir recueilli dans lesdites successions ladite somme de 24,000 francs et sans laisser d'enfants, ladite rente sera continuée dans la proportion susindiquée jusqu'au décès du futur époux, de manière à laisser à la future la possibilité de disposer au profit du futur d'une rente annuelle et viagère de 1,200 francs sur la tête de ce dernier, ainsi qu'elle va le faire en fin du présent contrat.

Dans le cas où la future épouse décéderait en laissant des enfants, ladite rente profiterait auxdits enfants et au futur époux jusqu'au décès des père et mère de la future dans les conditions susindiquées.

163
Autre par une belle-mère et une grand'mère en attendant la succession de cette dernière.

En considération du mariage, Mme A... et Mme B... constituent en dot au futur époux, leur fils et petit-fils, qui accepte, une rente annuelle et viagère, dont le futur époux sera saisi à partir du jour du mariage sur la tête de Mme B..., savoir : Mme A... de francs et Mme B... de francs, ensemble francs, sans solidarité entre les donatrices, qui expliquent pour ordre qu'elles entendent constituer divisément dans ladite proportion, bien qu'elles stipulent les mêmes conditions.

Les arrérages de ladite rente seront payables au futur époux à , en tel lieu de cette ville qui sera indiqué par les donatrices, et dans le cas où le futur époux décéderait sans laisser de descendants avant

Mme B..., ladite rente cesserait de courir à partir du jour du décès du futur époux.

---

164 Autre par la mère du futur à la future, en cas de survie de cette dernière, pour compléter une pension de veuve.

En considération du mariage, et pour le cas où le général, futur époux, décéderait avant la future, en laissant des enfants du futur mariage, Mme X donne à la future telle rente qui sera nécessaire pour lui fournir, à partir du décès du général jusqu'au jour où elle convolerait à de secondes noces, une rente annuelle et viagère de , avec 1° l'intérêt fixé à forfait à 5 p. 100 par an de toutes sommes dont la future aurait l'usufruit en vertu de don ou legs que lui ferait son mari ; 2° et la pension qu'elle aurait à recevoir de l'État comme veuve de militaire. Cette rente, ainsi donnée, serait payable de trois mois en trois mois au domicile de la donatrice.

En cas de prédécès du futur sans enfant, la donation faite sous le présent article sera réputée nulle et non avenue.

---

165 Autre avec profit éventuel pour la future.

En considération du mariage, Mme veuve C... fait donation au futur époux, son fils, qui accepte, avec éventualité de profit pour la future épouse, qui accepte également, d'une rente viagère de 2,000 francs incessible et insaisissable dont les arrérages seront payés, savoir :

D'abord au futur époux et à ses enfants jusqu'au jour du décès de la donatrice, époque à laquelle cette rente cessera d'avoir cours sauf ce qui va être dit, quel que soit l'émolument héréditaire du futur et de ses enfants dans la succession de la donatrice.

Ensuite, s'il y a lieu, à la future, si elle survit au futur ou à ses enfants et même à la donatrice, mais la future n'aura droit aux arrérages de cette rente que jusqu'au décès de la dite future ou, avant cet événement, jusqu'au jour où elle convolerait à de secondes noces, dans la mesure où ces arrérages seraient nécessaires pour lui compléter, avec les intérêts à 5 p. 100 de ce qu'elle recueillera dans la succession du futur en vertu de la donation exprimée sous l'article du présent contrat, une rente annuelle de 4,000 francs.

---

166 Autre subordonnée à la durée d'une fonction et au prédécès du titulaire.

En outre, pour le cas où le futur époux serait privé durant sa vie du bénéfice de la fonction indiquée sous le numéro premier de son apport sans que cette fonction soit remplacée à son profit par aucune autre, Mme X..., fait donation au futur époux, qui accepte, de telle rente annuelle et viagère sur la tête de ce dernier qui sera nécessaire pour compléter au futur, avec le produit de cette fonction, une somme annuelle de , sans toutefois que le chiffre annuel de cette rente puisse dépasser ; laquelle rente prendra cours intégralement dans son maximum à partir du jour où le futur serait privé de sadite fonction, et décroîtra naturellement dans la limite sus-indiquée à partir du jour où le futur serait pourvu d'une autre fonction.

Enfin, en cas de prédécès du futur, pourvu ou non pourvu d'aucune fonction, Mme X..., lui fait donation, pour être transmise aux descendants à naître du mariage par représentation, d'une rente annuelle et viagère de , qui prendra cours du jour du prédécès du futur et qui continuera sans réduction tant que vivra l'un ou l'autre des descendants à naître du mariage, sauf ce qui va être dit, et qui s'éteindra au jour du décès du dernier de ces descendants. Il est bien entendu que la donation qui vient d'être exprimée n'aurait aucun objet et serait considérée comme non avenue si le futur décédait sans laisser de descendants.

Les rentes viagères éventuelles stipulées sous le présent article s'éteindront toutes sans exception de plein droit au jour du décès de la donatrice, sans que la succession de cette dernière puisse rester débitrice à cette époque de rien autre chose que des arrérages impayés desdites rentes et calculés jusqu'au jour de ce décès.

167
Autre
au futur et à la future subordonnée pour l'un et pour l'autre à la conservation des fonctions occupées par leurs pères.

En considération du mariage, M. et Mme A..., et M. et Mme B..., constituent en dot, savoir : M. et Mme A... solidairement, au futur époux, qui accepte, une rente annuelle et temporaire de sans capital.

M. et Mme B.... solidairement, à la future épouse, qui accepte, une rente annuelle et temporaire de sans capital.

Chacune de ces rentes prendra cours à partir du jour du mariage et sera payée d'avance de trois en trois mois à , au lieu qui sera indiqué par le donateur, jusqu'au jour où, en ce qui concerne la rente du futur, M. A..., cesserait d'occuper des fonctions dans l'administration de ou jusqu'au jour de son prédécès, et, en ce qui concerne la rente de la future, jusqu'au jour où M. B... cesserait de remplir des fonctions dans la   , où jusqu'au jour de son prédécès.

S'il y avait interruption dans ces fonctions avec suppression de traitement, la rente serait suspendue et annulée temporairement pendant cette suspension.

En cas de prédécès de l'un ou de l'autre des futurs époux, le survivant et les enfants du prédécédé auraient droit au service de la rente, soit comme donataire, soit comme héritiers, suivant qu'il adviendra en vertu de dispositions entre vifs ou testamentaires et de la loi, jusqu'au jour où la rente cesserait d'être due par l'effet de la réalisation de l'une des éventualités ci-dessus prévues.

168
Conditions à consulter pour toute constitution de dot en rente viagère.

Les arrérages de cette rente seront indivisibles, incessibles, insaisissables, et payables de trois en trois mois d'avance à partir du jour du mariage, à   , ou en tout autre lieu de cette ville que le donateur indiquera, sur la simple quittance du *futur époux*, sans production de certificat de vie.

En cas de prédécès du *futur* sans enfant, la donation faite sous le présent article sera réputée nulle et non avenue, sauf ce qui va être dit ci-après. Dans le cas où le *futur époux* prédécéderait laissant des enfants, cette donation profiterait à ces enfants jusqu'au jour où, par l'effet du décès des père et mère du futur, les enfants recueilleraient par représentation dans la succession de l'un ou de l'autre de ces derniers, un émolument produisant un revenu égal ou supérieur au chiffre annuel de ladite rente, jour où elle diminuerait proportionnellement au revenu de l'émolument recueilli. Dans tous les cas, que le *futur* laisse ou ne laisse pas d'enfant, cette donation profitera à la future épouse, si elle survit, pendant la durée de son existence, et dans la limite nécessaire pour assurer l'effet de la donation stipulée sous l'art.

En tout temps, le donateur aura la faculté de fournir ladite rente en une inscription de rente sur l'État, immatriculée au nom du *futur* pour l'usufruit dans les conditions sus-indiquées.

169
Payement d'une somme à valoir sur les droits héréditaires indivis, et conventions relatives aux fruits de ces droits.

En considération du mariage, M.   s'oblige à remettre à la future épouse, sa fille, le   , la somme de   , à valoir sur les droits de la future en toute propriété dans la succession de madame sa mère, laquelle somme sera rapportable par la future lors du partage de cette succession.

Et à titre de provision pour raison des intérêts et fruits de ces droits en toute propriété, M.   s'engage, sauf compte à faire des intérêts et fruits lors du partage de ladite succession, à remettre annuellement à la future en quatre termes, de trois en trois mois, à partir du mariage jusqu'à la liquidation définitive de ladite succession, une somme de

---

170 Donation d'annuités jusqu'à un événement.

Une somme annuelle de   , que Mme A. s'oblige à payer aux futurs époux jusqu'au jour où s'éteindra par renonciation ou par décès l'usufruit de Mme B., aïeule, sur la moitié appartenant à la future épouse dans la ferme de   , énoncée sous le n°   de l'article   . Cette annuité sera payable en quatre termes égaux, de trois en trois mois, à compter du jour du mariage à Paris, au lieu qui sera indiqué par Mme A.

La future épouse ne devra aucun rapport à la succession de madame sa mère pour l'annuité dont il vient d'être question, quelle que soit la durée successive du payement de cette annuité.

---

171 Garantie par la mère d'une dot faite par un frère à sa sœur avec imputation sur la quotité disponible dans la part héréditaire du frère.

Pour le cas où la donation qui vient d'être faite par M. X. à sa sœur, subirait la révocation de plein droit, prévue par l'article 960 du Code civil, Mme X., mère de la future et du donateur, garantit expressément à la future, qui accepte, la conservation de la somme donnée, avec stipulation que cette somme garantie sera imputée d'abord par préciput et hors part sur la portion de M. X., donateur, dans la quotité disponible de la succession de Mme X., et subsidiairement, en cas d'insuffisance, sur la part héréditaire de la future dans la succession de sa mère.

---

172 Convention de nourrir et loger.

En considération du mariage, M. et Mme   s'engagent solidairement à nourrir et loger pendant   années à partir du jour du mariage, tant à la ville qu'à la campagne, dans la maison des donateurs, les futurs époux, les enfants à naître du mariage; et les domestiques des futurs époux.

Cet engagement cessera d'être obligatoire avant le délai ci-dessus indiqué, à l'époque du décès du premier mourant des sieur et dame   , ou à l'époque du décès de la future épouse sans enfant.

Et M. et Mme auront toujours la faculté de se libérer de la présente obligation, en payant aux futurs époux et par douzième, de mois en mois, une pension annuelle de pendant le délai ci-dessus fixé.

Les frais de ces nourriture et habitation sont évalués entre les parties à la somme de par année, laquelle somme sera compensée jusqu'à due concurrence avec les intérêts de la dot ci-dessus constituée à la future épouse par M. et Mme , qui n'auront plus à lui payer que l'excédant.

S'il n'y a pas à stipuler cette compensation, il peut être prudent d'ajouter :

Cette convention ne fera l'objet d'aucun rapport par la future épouse aux successions de ses père et mère, qui lui font, en tant que de besoin et solidairement entre eux, toute donation hors part.

---

173 Constitution de dot à un enfant naturel avec réduction de ses droits.

En considération dudit mariage, M. constitue en dot à Mlle , sa fille naturelle, qui accepte, une somme de

En usant de la faculté accordée par l'art. 761 du Code civil, M. déclare que son intention est de réduire à moitié les droits de ladite demoiselle, sa fille, dans sa succession future.

Dans le cas où ladite somme ne représenterait pas cette moitié, la future épouse réclamera le supplément nécessaire pour la compléter.

Dans le cas où ladite somme excéderait cette moitié, M. fait donation à la future épouse de l'excédant, voulant qu'on ne puisse lui demander à cet égard aucune réduction ni restitution.

---

174 Mention sur le résultat d'un compte de tutelle passif et sans intérêt.

Lorsque le reliquat du compte de tutelle serait évidemment sans intérêt pour la future épouse, ou onéreux pour elle, on peut faire déclarer par le père en suite de la constitution de dot :

M. déclare

Que la future épouse n'a aucun compte utile à demander à la succession de Mme

Que le compte de tutelle qui pourrait être rendu ne présenterait qu'un résultat à la charge de ladite demoiselle;

Qu'il a acquitté depuis son veuvage le passif constaté dans ledit inventaire ;

Et qu'il n'entend exercer aucune réclamation contre la future épouse pour raison de ce passif ou du résultat que pourrait présenter ledit compte de tutelle.

D'un autre côté, à tout événement, pour ordre, le donateur stipule que ladite dot sera imputable d'abord sur les droits de la future dans la succession maternelle, sur le reliquat de son compte, et ensuite sur la succession du donateur.

---

175 Renonciation à demander aucun compte au survivant des père et mère.

Au moyen de cette constitution de dot, les futurs époux s'engagent d'HONNEUR à ne demander au survivant des sieur et dame aucun compte ni partage de la succession du prémourant, et à laisser jouir ledit survivant pendant sa vie de tous les biens du prédécédé, avec dispense de fournir caution et de faire emploi, à la charge seulement par M. et Mme d'imposer semblable condition à leurs autres enfants en les établissant par mariage ou autrement, et de faire faire bon et fidèle inventaire des biens du prédécédé.

---

176 En cas de compte, rapport en entier à la succession du prédécédé.

Dans le cas où lesdits compte et partage seraient demandés par les futurs époux ou auraient lieu pour toute autre cause, la dot constituée à la future épouse sera rapportable en entier à la succession du prédécédé de ses père et mère, qui sera réputé avoir seul doté.

---

177 En cas de cet événement sans la volonté du donataire, don hors part de fruits ou revenus encaissés.

Il sera fait lors du partage un compte général des revenus des biens de ladite succession et de la communauté existant entre M. et Mme .

La future épouse y fera le rapport fictif des fruits et intérêts de la dot échus depuis le décès du prémourant des sieur et dame , et l'on se fera compte respectif de la différence qui pourra exister de part et d'autre en plus ou en moins.

Toutefois, si le partage avait lieu par une cause étrangère à la future épouse, et si les fruits et intérêts rapportables par la future épouse excédaient la portion afférente à la future épouse dans les revenus échus depuis le décès, de sorte que l'exécution volontaire de la clause qui précède lui deviendrait préjudiciable en l'amenant à une restitution de fruits tout à fait inattendue, il demeure expressément convenu : que le survivant des sieur et dame tiendra compte à la future épouse de cet excédant sur les plus clairs deniers qui seront attribués audit survivant pour le remplir de ses droits dans lesdites communauté et succession. — A cet effet, M. et Mme pour le survivant d'eux, font, en tant que de besoin, donation par préciput et hors part à la future épouse d'une somme égale à cet excédant.

Lorsque la constitution de dot consiste en une rente, il faut modifier le commencement de ce dernier paragraphe ainsi qu'il suit :

Et, pour le cas où les sommes payées à la future épouse à titre d'intérêts ou arrérages depuis le décès du prémourant jusqu'au jour du partage ou de la demande en partage excéderaient la portion afférente, etc., etc.

---

178 Don préciputaire et éventuel de fruits.

Dans le cas où les droits de la future dans les fruits indivis des valeurs composant la succession de madame sa mère ne s'élèveraient pas aux représentant les intérêts des qui font l'objet de la présente constitution de dot, la future épouse serait dispensée du rapport de l'excédant desdits fruits à la succession du donateur, ce dernier lui en faisant au besoin donation par préciput et hors part, pour lui assurer irrévocablement la jouissance de ladite somme, à partir du jour du mariage.

---

179 Don préciputaire et éventuel de la quotité disponible en cas de rapport de la dot.

Et pour le cas où il y aurait lieu à rapport effectif par la future épouse ou ses représentants à la succession de madame sa mère de la totalité ou partie de la dot qui vient de lui être constituée, Mme autorisée de son mari, fait par ces présentes donation à la future épouse, qui accepte, par préciput et hors part, de la quotité disponible de sa succession jusqu'à concurrence du rapport réel que la future devrait faire à cette succession, de manière à assurer autant que possible à la future la conservation de l'intégralité de ladite dot.

Mme déclare que dans son contrat de mariage avec M. passé devant Me , notaire à , le , elle n'a fait à monsieur son mari aucune donation qui empêche l'application de ce don préciputaire.

---

180 Dispense de rapport de bénéfices sociaux.

Lorsque le futur époux a recueilli des bénéfices dans une société non établie dans les termes de l'art. 854 *du Code civil, il y a lieu de les consolider autant que possible de la manière suivante :*

M. père déclare que pour assurer autant que possible au futur époux la conservation des bénéfices que ce dernier a loyalement acquis dans la société formée entre eux par acte sous signatures privées, et pour le cas où, contre toute attente, les cohéritiers du futur forceraient ce dernier au rapport de tout ou de partie de ces bénéfices, il fait dès à présent donation au futur époux, qui accepte, par préciput et hors part, d'une somme égale en principal et intérêts au rapport dont il s'agit.

---

181 Autre par les père et mère.

Le futur époux et monsieur son père expliquent qu'ils se sont associés pour travaux de construction, achat et revente d'immeubles ;

Que cette association, purement verbale, se trouve contraire aux prescriptions de l'art. 854 du Code civil, qui exige un acte notarié, à peine par le fils du rapport de ses bénéfices aux successions de ses père et mère;

Que leurs droits n'ont pas encore été liquidés, l'affaire n'étant pas terminée, et que, par conséquent, ils ne peuvent préciser leurs bénéfices respectifs.

Dans cette position, pour garantir et assurer au futur époux le montant de ses droits dans ladite société en participation,

M. et Mme père et mère donnent solidairement par préciput et hors part au futur époux, qui accepte, tout ce dont ledit futur époux pourrait être obligé de faire le rapport à cette occasion dans leurs successions.

---

182 Donation de biens présents et à venir.

En considération du mariage, M. fait donation entre-vifs à la future épouse, sa nièce, qui accepte, de tous les biens meubles et immeubles qui lui appartiennent actuellement et qui pourront lui appartenir à l'avenir, à quelque titre que ce soit, sans aucune exception ni réserve,

Pour la future épouse jouir et disposer de l'universalité desdits biens comme de chose lui appartenant en toute propriété à partir du jour du décès du donateur.

Cette donation est faite à la charge par la future épouse, qui s'y oblige, d'acquitter toutes les dettes actuelles du donateur comprises en l'état qui en a été dressé par les parties et qui est demeuré ci-annexé après avoir été signé en présence des notaires, *ne varietur*, et que dessus mention du tout a été faite par lesdits notaires; comme aussi d'acquitter toutes les dettes futures du donateur, si la future épouse ne s'en tenait pas aux biens présents.

M. déclare que ses biens présents consistent en : 1°
2° , etc.

---

183 Institution contractuelle en faveur d'un fils unique.

En considération dudit mariage, M. et Mme instituent le futur époux, leur fils, seul et unique héritier de tous les biens meubles et immeubles qui composeront leurs successions sans aucune exception ni réserve, et dont ils lui font donation irrévocable, s'interdisant de faire à son préjudice aucun acte de libéralité entre-vifs ou testamentaire.

Néanmoins cette institution ne pourra préjudicier aux avantages que M. et Mme ont pu ou pourront se faire l'un à l'autre, et ils se réservent expressément la faculté de disposer, à titre gratuit et au profit de qui bon leur semblera, chacun jusqu'à concurrence de

---

184 Autre avec substitution au profit des enfants à naître.

En considération dudit mariage, M. et Mme instituent le futur époux, leur fils, seul et unique héritier de tous les biens meubles et immeubles qui composeront leurs successions, sans aucune exception ni réserve, et dont ils lui font donation irrévocable; mais M. et Mme substituent jusqu'à concurrence de la portion disponible, au profit des enfants à naître du mariage, les biens qui écherront au futur époux au moyen de la présente donation, en sorte que le futur époux ne pourra en disposer ni les hypothéquer pour quelque cause que ce soit à leur préjudice que pour l'excédant de la portion disponible.

Cette institution ne pourra nuire de convention expresse aux avantages, etc. (*Comme dans l'article précédent.*)

185 Institution contractuelle en cas d'existence de plusieurs enfants.

En considération dudit mariage, M. et Mme assurent à la future épouse, leur fille, à laquelle ils en font donation irrévocable, l'intégralité de sa part héréditaire dans leurs successions futures, même dans la portion disponible, sauf ce qui va être dit ci-après ; en conséquence, ils l'instituent leur héritière pour la part et portion qui doit lui advenir légalement dans leurs successions, en raison du nombre d'enfants qu'ils laisseront, et ils renoncent, sauf ce qui va être dit ci-après, à avantager aucun de leurs enfants plus que la future épouse, directement ou indirectement, comme aussi à faire aucun acte de libéralité par donation ou testament au préjudice de la future épouse, si ce n'est de sommes modiques et à titre de récompense.

Cette institution contractuelle ne pourra nuire, de convention expresse, aux avantages que M. et Mme ont pu ou pourront se faire l'un à l'autre.

---

186 Réserve de disposer.

En outre, M. et Mme se réservent de disposer par préciput et hors part, en faveur d'un de leurs enfants, du château de , avec les cour, basse-cour et jardin, l'avenue en face de ce château, les arbres de ladite avenue, et deux mètres de terrain le long de ladite avenue au delà desdits arbres, sous la réserve, au profit de qui il appartiendra, du droit le plus étendu de passage dans ladite avenue et sur ladite prolongation de deux mètres, pour l'exploitation des fermes et des bois dépendant de ladite terre.

---

187 Institution contractuelle de la quotité disponible sur la part d'un autre enfant.

En considération du mariage, Mme , usant de la faculté accordée par l'art. 1082 du Code civil, fait donation à la future épouse, sa fille, de toute la portion dont la loi lui permet de disposer sur la part héréditaire de dans la succession de la donatrice.

---

188 Autre des deux tiers de la quotité disponible plus de certains immeubles.

En considération du mariage, M. fait donation au futur époux, son fils, qui accepte, par préciput et hors part, des deux tiers de la quotité disponible dans sa succession, et il comprend particulièrement dans cette donation le château de . En outre, M. donne au futur époux ce qui pourra rester de ladite terre après la formation de ce lot de quotité disponible, jusqu'à concurrence des droits héréditaires du futur époux dans la réserve de sa succession, à commencer par les immeubles qui seront les plus rapprochés dudit château. La valeur de ce château, etc., est fixée dès à présent à la somme de francs. Quant à la valeur des autres biens donnés, elle sera déterminée par experts nommés, soit à l'amiable, soit en justice, et dans le cas où une expertise porterait à plus de francs la valeur dudit château, M. fait dès à présent donation de l'excédant au futur époux par préciput et hors part. Toutefois, dans le cas où, à l'époque de l'ouverture de la présente donation, la contenance du château et dépendances excéderait la contenance actuelle, qui est de , le donataire devrait tenir compte de cet excédant d'après ladite expertise.

---

189 Autre de biens suivant leurs revenus.

En considération du mariage, M. et Mme font donation à la future épouse, qui accepte, de biens ruraux à prendre dans ceux dépendant de leurs successions, et produisant par baux authentiques courants au décès un revenu net de francs. Lesquels biens seront imputés d'abord sur la part de la future épouse dans les successions de ses père et mère, et subsidiairement, s'il y a lieu, sur la quotité disponible à épuiser par préciput et hors part, moitié dans la succession du prémourant des donateurs et moitié dans la succession du survivant.

---

190 Réserve du droit de retour.

M. et Mme réservent à chacun d'eux le droit de retour sur la portion dont il sera établi donateur dans ladite constitution de dot après ladite imputation, pour le cas où ils survivraient l'un ou l'autre ou tous deux au futur époux ou à sa postérité.

Toutefois il est convenu :

1° Que cette réserve de droit de retour ne pourra pas empêcher pendant le mariage l'aliénation libre des biens donnés ou leur affectation hypothécaire à la garantie de telles dettes qu'il plaira au futur époux de contracter, le tout hors la présence des donateurs, sans que les tiers aient à s'en préoccuper ni à en demander de remploi, sauf aux donateurs à n'exercer ledit droit de retour, en cas de vente ou d'échange, que sur le prix d'aliénation ou sur les immeubles remis en contre-échange, et en cas d'hypothèque sur l'excédant du prix, en ayant tout recours contre la succession du futur époux pour la différence;

2° Que cette réserve ne nuira pas à la donation ou disposition testamentaire que le futur époux pourra faire à la future épouse en usufruit avec dispense de caution et d'emploi, ni aux préciput, rente viagère et autres gains de survie de la future épouse, *On peut ajouter :* pourvu que cette donation ou disposition soit postérieure en date au délai de à courir du jour de la célébration du mariage *ou bien* pourvu que ces donations ou dispositions soient exercées d'abord sur les biens personnels du futur époux et ne soient appliqués que subsidiairement sur les biens compris dans ladite dot.

3° Que nonobstant cette réserve, le futur époux pourra disposer par donation ou legs, au profit de qui bon lui semblera, d'une somme de en toute propriété.

4° Qu'à l'égard de la rente sur l'État, qu'elle soit ou ne soit pas vendue, le droit de retour portera sur la valeur actuelle ci-dessus indiquée;

5° Que les père et mère du prédécédé des futurs époux ou l'un d'eux auront le droit, par application partielle du retour qui vient d'être stipulé et comme condition desdites constitutions de dot, de prélever, lors du prédécès, pour le montant de la prisée qui en sera faite à cette époque *ou pour le montant de l'estimation exprimée dans les états ci-annexés* et par imputation sur les droits du prédécédé, les tableaux, les diamants, habits, linge, hardes, et effets mobiliers à l'usage corporel du prédécédé, sans que le survivant des futurs époux puisse avoir de droits d'usufruit ou autres sur les biens dont il s'agit, soit en vertu du présent contrat, soit en vertu de tous actes ultérieurs.

---

191 Autre sous un même article par les père et mère de chacun des futurs.

Lorsque dans le même contrat il y a constitution de dot aux deux époux avec réserve du droit de retour par chaque donateur dans les mêmes termes, il est bon, pour éviter les répétitions, de ne pas faire une réserve particulière à la suite de chaque donation, mais au contraire de stipuler ces réserves semblables, sous un seul article, dans les termes suivants :

M. et Mme A... et M. B... réservent à chacun d'eux le droit de retour sur la portion dont il serait établi donateur dans les constitutions de dot ci-dessus indiquées après lesdites imputations pour le cas où ils survivraient, savoir :

M. et Mme A..., ou l'un d'eux, au futur époux et à sa postérité, et M. B... à la future épouse et à sa postérité.

Toutefois, etc. (*La suite comme dans la formule qui précède.*) *Ou bien remplacer le n° 2 de cette formule par ce qui suit :* Que cette réserve ne nuira pas à la donation que le prémourant des futurs époux pourra faire au survivant de l'usufruit de ce qui sera nécessaire pour compléter au survivant une rente annuelle et viagère de avec les revenus nets que produiront, lors du décès du prémourant, les biens propres dépendant de la succession de ce dernier.

Lorsque, dans la dot d'un des époux, il existe une nue propriété, on peut, en vue d'une limitation du droit de retour, rédiger la donation entre époux dans les termes indiqués ci-après, formule 225.

Le futur époux, s'il survit, aura le même délai que celui exprimé ci-après sous l'art. pour la restitution des sommes qui deviendraient exigibles par l'effet de ce droit de retour, à la charge d'en payer les intérêts sur le pied de 5 pour 100 par an. 192 Délai pour l'exercice de ce droit de retour.

Dans le cas où les donateurs voudraient, pour assurer l'utilité de leur droit de retour, ne permettre l'aliénation qu'à charge de remploi et interdire bien entendu toute hypothèque, il y aurait lieu de modifier dans les termes suivants le n° 1 du second paragraphe de la formule n° 100 : 193 Obligation d'emploi successif des biens grevés dudit droit de retour.

Que cette réserve de droit de retour ne pourra pas empêcher l'aliénation une première fois des biens donnés, hors la présence des donateurs, pourvu qu'il soit fait emploi du prix des aliénations, soit en acquisition d'immeubles, etc. (*Voir la formule d'emploi au régime dotal pour y choisir les emplois à prescrire sans emprunter rien autre à cette formule.*)

Le futur ne pourrait faire d'autre emploi, *ni aliéner les biens acquis une première fois en emploi*, qu'en obtenant l'autorisation des donateurs.

Les tiers seront tenus de surveiller la réalisation matérielle du remploi, mais ils ne seront point responsables de son utilité, et les titres de tous bien acquis en emploi *ou en remploi successif* devront faire mention dudit droit de retour.

QUATRIÈME PARTIE

DONATIONS ENTRE ÉPOUX

Les futurs époux font donation au survivant d'eux, ce qui est accepté respectivement, de tous les biens meubles et immeubles, sans exception ni réserve, qui composeront la succession du prémourant, pour le survivant jouir et disposer desdits biens comme bon lui semblera en toute propriété à partir du jour du décès du prémourant. **194** Donation universelle en toute propriété au profit du survivant.

En cas d'existence d'enfant, la présente donation sera réduite à moitié en usufruit des biens composant ladite succession, y compris les rapports. **195** Réduction à moitié en usufruit.

En cas d'existence d'enfant, la présente donation sera réduite à un quart en toute propriété et un quart en usufruit des biens composant ladite succession y compris les rapports. **196** Réduction à un quart en toute propriété et un quart en usufruit.

En cas d'existence, au jour du décès du futur époux, de l'enfant né de son premier mariage, la présente donation sera réduite pour la future épouse à l'usufruit (*ou à la toute propriété*) d'une part d'enfant légitime le moins prenant dans tous les biens dépendant de la succession du futur époux, y compris les rapports, sans aucune exception. **197** Réduction en cas d'existence d'enfant de premier lit.

On peut ajouter, dans le cas où la donation est faite en toute propriété :

Si mieux n'aiment les héritiers du donateur laisser jouir la future épouse pendant sa vie à compter du jour du décès du futur époux, et avec dispense de fournir caution et de faire emploi, de la moitié de tous les biens dépendant de ladite succession, toujours y compris les rapports, sans aucune exception.

198
Disposition en cas d'ascendant.

En cas d'existence d'ascendants, la présente donation comprendra même l'usufruit de la portion de biens qui leur est réservée.

199
Autre contraire.

En cas d'existence d'ascendants ayant droit à une réserve, la présente donation subira la réduction voulue par la loi.

200
Dispense de caution et d'emploi, mais obligation d'avancer les droits de mutation.

Le survivant, en cas d'usufruit, sera dispensé de fournir caution et de faire emploi, mais il devra faire faire inventaire et avancer avec des deniers de la succession tous droits de mutation à la charge des héritiers pour la nue propriété, sauf compte sans intérêt à la fin de l'usufruit.

201
Dispense de caution, mais obligation d'emploi.

Le survivant, en cas d'usufruit, sera dispensé de fournir caution, mais il devra faire faire inventaire et faire emploi de toutes sommes et valeurs mobilières au porteur, ainsi que du prix à provenir de toute vente de biens meubles et immeubles, en titres nominatifs de rentes sur l'État français, en actions de la Banque de France, en obligations des grandes lignes de chemins de fer français ou placements hypothécaires en premier rang, sur des immeubles situés à représentant, d'après le prix d'acquisition, le double de la somme prêtée. Le choix de l'un ou de l'autre de ces modes d'emploi appartiendra au donataire à l'exclusion des nu-propriétaires.

Hors la présence et sans le concours des nu-propriétaires, le survivant pourra également toucher tous capitaux et aliéner tous biens meubles, même ceux acquis en remploi successif, le tout sur sa simple signature, mais à la charge du remploi ci-dessus exprimé.

Ces divers emplois et remplois ne seront valables qu'autant que les titres qui devront être inscrits au nom des nu-propriétaires pour la nue propriété feront mention de l'origine des deniers, ensemble de la faculté d'aliéner à charge de remploi.

Les tiers débiteurs ou acquéreurs seront responsables de l'accomplissement desdits emplois ou remplois, mais une fois l'emploi ou le remploi effectué, ils ne seront responsables ni de son utilité ni de ses suites. Le coût des actes d'emploi et de constatation sera lui-même considéré comme emploi. (*Voir au surplus la formule* 76.)

Lors du décès du donateur, il sera pourvu à l'administration de sa succession par la nomination amiable ou judiciaire d'un administrateur qui encaissera toute somme librement, mais le reliquat de son compte devra être employé dans les conditions ci-dessus prescrites.

En cas de convol, le survivant sera tenu de fournir caution ou de faire emploi à partir du jour de son second mariage. **202** Caution ou emploi en cas de convol.

En cas d'usufruit, le survivant sera dispensé de fournir caution, mais il devra faire faire inventaire, et avancer avec des deniers soumis à son usufruit les droits de mutation à la charge de la nue propriété, sauf compte sans intérêt à la fin de l'usufruit; il ne sera dispensé de faire emploi des capitaux ou autres valeurs au porteur que jusqu'au jour où il convolerait à de secondes noces; à partir de cette époque, ledit survivant sera tenu de faire emploi dans les termes qui vont être exprimés. **203** Emploi en cas de convol.

(*Dire en cet endroit les conditions d'emploi.*—Voir formule 76.)

Nonobstant la donation ci-dessus faite, il demeure convenu que le prémourant pourra disposer au profit de qui bon lui semblera de la somme de   et d'une rente viagère de   . A défaut de disposition à ce sujet, ces somme et rente resteront confondues dans la donation dont il s'agit. **204** Réserve de disposer d'une somme ou d'une rente viagère nonobstant une donation universelle.

Toutefois, la future épouse survivante ou plutôt sa succession devra, comme condition de la présente donation, payer aux héritiers ou légataires du donateur, dans les trois mois qui suivront le décès de la donataire, une somme de 120,000 fr., nette de tous droits de mutation, **205** Autre au profit des héritiers limitativement.

sans que les ayants droit puissent prétendre, pour assurer le payement de cette somme, à aucune hypothèque ni autre garantie sur aucun des biens immeubles et meubles de la succession du donateur.

206
Réserve des habits de l'époux décédé.

Et dans le cas où il n'existerait aucun descendant du mariage au jour du prédécès de la future épouse, il est convenu : que les droits du futur époux survivant ne pourront porter, à quelque titre que ce soit, sur les habits, linge, hardes, dentelles et bijoux à l'usage de la future épouse, ces divers objets mobiliers devant en ce cas être remis aux héritiers de la future épouse, qui tiendront compte de la valeur de ces objets d'après la prisée qui en sera faite dans l'inventaire après le décès de la future épouse.

207
Donation universelle en usufruit au profit du survivant.

Les futurs époux font donation au survivant d'eux, ce qui est accepté respectivement, de l'usufruit à partir du jour du décès du prémourant, pendant la vie du survivant *ou jusqu'au jour où le survivant convolerait à de secondes noces, et au plus tard, conséquemment jusqu'au jour de son décès*, de tous les biens meubles et immeubles, sans exception ni réserve, qui composeront la succession du prédécédé.

Le survivant (*Voir ci-dessus*, formules 200 et suivantes, *ou dire*) pourra toucher tous capitaux et autres valeurs mobilières grevées dudit usufruit, vendre tous biens meubles et immeubles, en toucher le prix, donner main levée et désistement sans payement, le tout hors la presence des héritiers ou représentants du prédécédé et sans être assujetti à aucun emploi ou remploi ni à fournir caution, mais à la charge seulement de faire faire bon et fidèle inventaire, et d'avancer avec des deniers de la succession tous droits de mutation à la charge des héritiers pour la nue propriété, sauf compte sans intérêts, à la fin de l'usufruit.

208
Donation de l'usufruit de la part du prémourant dans la communauté et de ses apports et dot, ou d'une somme fixe sur les biens propres. (1)

Les futurs époux font donation irrévocable au survivant d'eux, ce qui est accepté respectivement, de l'usufruit pendant la vie du survivant, à partir du jour du décès du prémourant :

1° Des apport et dot du prémourant ou des biens et valeurs qui en

---

(1) *Voir l'observation consignée dans la table à la suite de la formule n° 37.*

seront la représentation ; *ou bien* d'une somme de à prendre sur les biens propres du prédécédé ;

2° Et de la portion revenant à l'époux prédécédé dans tous les biens meubles et immeubles sans exception qui composeront les bénéfices nets de la communauté (*ou société d'acquêts*) stipulée par le présent contrat.

En cas d'existence de descendants, la réduction, si elle est nécessaire, aura lieu dans les termes de la plus large quotité disponible au profit du survivant, mais toujours en usufruit.

En cas d'existence d'ascendants, la présente donation ne subira aucune réduction.

Dans tous les cas, le survivant sera dispensé, etc.

Il est bien entendu que la future épouse ne pourra, pour raison de la présente donation et de sa rente viagère stipulée sous l'article , recueillir au delà de l'usufruit de tous les biens qui composeront la succession du futur époux.

---

209 Donation de l'usufruit d'une somme fixe.

En considération du mariage, les futurs époux se font l'un à l'autre, au profit du survivant d'eux, ce qu'ils acceptent respectivement pour ledit survivant, donation entre vifs et irrévocable de l'usufruit pendant la vie du survivant, à partir du jour du décès du prémourant, d'une somme de , à prendre sur les plus clairs et apparents biens de la succession du prémourant.

Si cette donation excédait la quotité disponible, en cas d'existence d'enfants, la réduction s'en opérerait toujours en usufruit.

En cas d'existence d'ascendant, etc.

Le survivant sera dispensé, etc.

---

210 Usufruit garanti d'une somme fixe minimum.

Si la donation n'était que de moitié en usufruit (ou toute autre quotité) et que cependant l'époux donateur voulût assurer l'usufruit d'une somme fixe, on pourrait employer la formule suivante :

Et pour le cas où la valeur de la moitié des biens composant la succession du futur époux ne s'élèverait pas à la somme de , le futur époux fait donation à la future épouse, indépendamment de l'usufruit de la moitié desdits biens, de l'usufruit d'une somme suffisante pour compléter à la future épouse lesdits   , voulant qu'en tout état de choses la future épouse ait l'usufruit d'au moins une somme de   avec dispense de fournir caution et de faire emploi, mais à la charge de faire faire bon et fidèle inventaire.

211
Revenu garanti d'après le cours le plus élevé de la rente sur l'État français au jour du prédécès.

Les futurs époux se font donation l'un à l'autre, etc., de l'usufruit pendant la vie du survivant, à compter du jour du décès du prémourant, du capital nécessaire pour assurer, au cours de l'intérêt au jour du décès, un revenu de   , net de toutes retenues. Ce cours sera déterminé par le cours des rentes sur l'État français le plus élevé à la Bourse de Paris au jour dudit décès.

Le survivant ne sera pas tenu de fournir caution, mais il devra faire faire inventaire, et il devra faire emploi dudit capital, etc.

212
Donation par l'un des époux d'une toute propriété et par l'autre d'un usufruit, avec réduction prévue en cas d'existence d'enfants.

La future au futur, de la toute propriété des biens meubles et immeubles qui composeront sa succession, sans aucune exception ni réserve, pour le futur époux en disposer comme bon lui semblera à partir du décès de la future épouse.

Et le futur à la future, de l'usufruit pendant la vie de cette dernière, à partir du jour du décès du futur époux, de tous les biens meubles et immeubles sans exception qui composeront la succession du futur époux. — Pour jouir de cet usufruit, la future épouse sera dispensée de fournir caution, mais elle devra faire emploi des capitaux et valeurs au porteur de toute nature, en rentes sur l'État français 3 p. 100 à inscrire en son nom pour l'usufruit et au nom des héritiers du futur époux pour la nue propriété. — Avant tous emplois, il sera prélevé sur la succession du futur somme suffisante pour payer, tant à la décharge de la future qu'à la décharge des héritiers, sans aucun compte ultérieur à établir à ce sujet entre eux, les droits de mutation et les frais d'actes de toute nature qui seront la suite du décès du futur époux.

En cas d'existence d'enfants, la réduction aura lieu dans les termes de la plus large quotité disponible au profit du survivant, mais en usufruit, dans les termes sus indiqués.

Les futurs époux font donation au survivant d'eux, ce qui est accepté respectivement, savoir : 213

Donation mu[illegible] d'une rente [illegible] avec garantie de [illegible] sur l'État ou d'hypothè[illegible] et avec faculté [illegible] les héritiers de se libérer [illegible] le payement d'un capital [illegible]

Le futur à la future d'une rente viagère de   , dont elle sera saisie par le seul fait de la célébration du mariage, pour en jouir pendant sa vie, à compter du jour du décès du futur.

Et la future au futur, d'une rente viagère de   , dont il jouira pendant sa vie, à compter du jour du décès de la future.

Les arrérages de chacune desdites rentes seront *incessibles et insaisissables, et ils seront* indivisibles entre les héritiers et représentants du prémourant. Ils seront payables au survivant, sans retenue, de   mois en   mois, au domicile à   qu'il indiquera, sans que le survivant ait à fournir de certificat de vie, tant qu'il signera personnellement les quittances d'arrérages.

Cette rente sera délivrée nette de tous frais, même de droits de mutation. Elle ne subira aucune réduction en cas d'existence d'ascendants. Elle ne pourra, en cas d'insuffisance des fruits et revenus de la succession du prémourant, être prélevée sur les capitaux de cette succession, et sera temporairement diminuée jusqu'à due concurrence.

La future sera tenue de limiter son hypothèque légale pour raison de ladite rente à un immeuble présentant en premier rang une valeur de   et un revenu net de   ; et dans le cas où, au jour du décès, il n'existerait dans la succession du futur aucun immeuble dans ces conditions, il devra être fourni à la future une garantie en rente sur l'État, soit pour toute la rente viagère, soit pour la portion de cette rente non garantie hypothécairement.

En cas de prédécès de la future épouse, la rente due au futur époux lui sera garantie en une rente sur l'État ou en une hypothèque dans lesdites conditions.

Ou bien remplacer ainsi ces deux paragraphes :

La rente due au survivant, quel qu'il soit, lui sera garantie par une hypothèque suffisante, ou par une inscription en son nom pour l'usufruit, soit en rente sur l'État français 3 pour 100, soit en obligations de grandes lignes de chemins de fer français.

En tout temps, les héritiers ou représentants du prémourant pourront convertir la garantie de rente sur l'État et d'obligations de chemins de fer français en une garantie hypothécaire, et réciproquement l'hypothèque en rente et obligations; comme aussi, ils pourront en toute circonstance demander une translation de ladite hypothèque d'un immeuble sur un autre immeuble dans lesdites conditions.

L'inscription hypothécaire qui pourra exister au jour du décès du survivant pour sûreté de sa rente devra être rayée sur la simple représentation de l'acte de décès de l'époux rentier (*ou de l'acte de célébration de son second mariage*), et la mention d'usufruit sur toute inscription de rente ou d'obligations, devra disparaître au moyen de la même représentation.

Le futur, s'il survit, sera payé des arrérages de sa rente, en tout ou en partie, par imputation sur les intérêts à 5 pour 100 par an des sommes dont il se trouvera débiteur envers la future, et il conservera en main, pendant sa vie, ce capital de rente au denier vingt, sans être tenu de fournir caution ni de faire emploi. — Mais le futur devra payer dans les délai et conditions stipulés article , toute somme dont il sera débiteur au-dessus de ce capital de rente.

Enfin l'époux survivant, ainsi que les héritiers de l'époux prémourant, auront l'un et l'autre la liberté, le survivant de demander en payement, et les héritiers du prémourant de livrer en payement de la rente viagère, un capital au denier dix de cette rente, à titre d'extinction. Mais cette faculté ne pourra être exercée respectivement que durant les deux années qui suivront le décès du prémourant et à la charge d'avertissement mois d'avance. Ces deux années étant écoulées, aucune des parties ne pourra se prévaloir de ladite faculté qui deviendra de plein droit non avenue. Les héritiers du prémourant pourront exercer cette faculté divisément suivant leur portion héréditaire.

---

214 Donation mutuelle d'une rente viagère et d'un droit d'habitation.

Les futurs époux font donation au survivant d'eux, ce qui est accepté respectivement, savoir :

1° D'une rente annuelle et viagère de 4,000 francs, dont le survivant jouira pendant sa vie, à partir du jour du décès du prédécédé.

2° Et du droit d'habiter, à partir du décès du prémourant jusqu'au jour de son décès ou jusqu'à l'époque, quelle qu'elle soit, où il plairait au survivant de renoncer au droit dont il s'agit, même après en avoir usé, le château avec parc et dépendances qui dépendra, soit de la succession du prémourant, soit de la société d'acquêts stipulée dans le présent contrat, et avec jouissance du mobilier qui s'y trouvera, dans les termes de l'article 536 du Code Napoléon, mais avec obligation pour le survivant de supporter sans recours contre les héritiers et autres représentants du prémourant, les impôts, réparations et autres charges qui incomberont à la jouissance de ces biens. Le survivant sera dispensé de fournir caution et de faire état de l'immeuble. Pendant la durée de ce droit d'habitation, personnel et non transmissible, les nu-propriétaires n'auront le droit de demander aucune réparation au survivant, qui aura la liberté de ne faire que les réparations qui lui plairont, sauf compte et indemnité à régler après son décès avec sa succession.

Dans le cas où le survivant renoncerait audit droit d'habitation, comme aussi dans le cas où il n'existerait point de château sur lequel ce droit puisse être exercé au jour du prédécès, ce droit serait remplacé par une augmentation de rente viagère de 2,000 francs, ce qui porterait ladite rente à 6,000 francs au profit du survivant.

Les arrérages de la rente due au survivant seront indivisibles, etc. (Voir les formules précédentes, notamment le n° 212.)

---

215 Autre avec bail éventuel.

Le survivant des époux aura le droit d'habiter, pendant le terme courant au jour du décès du prémourant, et pendant un trimestre à la suite de ce terme, l'habitation de ville ou de campagne dans laquelle son conjoint sera prédécédé, sans avoir aucun loyer à payer ni aucune charge d'habitation. — Ces loyers et charges seront supportés par la succession du prédécédé.

Toutefois, si c'était le futur époux qui survécût, et que son droit dût s'exercer à la ville ou à la campagne sur un bien dont l'usufruit seul appartînt à la future épouse, de sorte que ce droit d'habitation ne pût être assuré au futur époux en vertu de la stipulation qui précède, la future épouse lui fait bail, pour en tenir lieu, des lieux qui seront occupés au moment du décès, pour le délai qui vient d'être exprimé, moyennant un loyer fixé dès à présent à raison de   par an. — Ce qui sera à payer aux nu-propriétaires pour ce bail de fraction d'année, sera supporté par la succession de la future, sans recours contre le futur.

216 Donation d'un droit d'habitation.

Du droit d'habiter à partir du décès du futur époux jusqu'au décès de la future, ou jusqu'à l'époque, quelle qu'elle soit, où il plairait à la future de renoncer au droit dont il s'agit, même après en avoir usé, le domaine de , tel qu'il se poursuivra et comportera au jour du décès du futur, avec droit aux fruits, fermages et autres produits y afférents, et avec jouissance du mobilier qui s'y trouvera, dans les termes de l'art. 536 du Code civil, mais avec obligation pour la future de supporter, sans recours contre les héritiers et autres représentants du futur, les impôts, réparations et autres charges qui incomberont à la jouissance de cette propriété. — La future épouse sera dispensée de fournir caution et de faire état.

---

217 Diminution en cas d'une rente viagère.

A la suite du don d'une rente viagère :

Et dans le cas où le château de , désigné sous le n° de l'apport en mariage du futur époux, existerait dans la succession de ce dernier, l'habitation de ce château et de ses dépendances directes serait substituée, si bon semblait à la future, à une somme annuelle de dans ladite rente viagère, qui se trouverait alors réduite à par an. Cette substitution cessera quand la future épouse le voudra.

---

218 Donation du droit d'habitation d'un immeuble de communauté.

A la suite d'une donation en usufruit :

La future sera libre de faire entrer en masse dans les biens soumis à son usufruit, pour la valeur à faire déterminer par experts, l'habitation de campagne que le futur époux pourrait posséder à son décès, ou la part de ce dernier dans toute habitation de campagne dépendant de la communauté.

Pendant la durée de ce droit d'habitation, les nu-propriétaires n'auront le droit de demander aucune réparation à la future, qui aura la liberté de ne faire que les réparations qui lui plairont, sans même que sa succession puisse en être comptable.

La future épouse sera dispensée de fournir caution et de faire état.

219. Donation mutuelle d'une rente viagère et d'un usufruit jusqu'au jour d'un convol, avec prévision de réduction et de garantie.

Les futurs époux font donation au survivant d'eux, ce qui est accepté respectivement :

1° D'une rente annuelle et éventuelle de , dont le survivant jouira à partir du jour du décès du prédécédé jusqu'au jour où le survivant convolerait à de secondes noces, et conséquemment au plus tard jusqu'au jour de son décès.

2° Et de l'usufruit pendant le même temps, à partir du même jour, de la part du prémourant dans les bénéfices nets de la société d'acquêts stipulée par le présent contrat.

En cas d'existence d'ascendants, la présente donation ne subira aucune réduction.

En cas d'existence de descendants, la réduction, si elle est nécessaire, aura lieu toujours en usufruit avec la durée susindiquée.

Le survivant sera dispensé de fournir caution et de faire emploi pour jouir dudit usufruit, mais il devra avancer avec des deniers soumis à cet usufruit tous droits de mutation à la charge des héritiers pour la nue propriété, sauf compte sans intérêts à la fin de l'usufruit.

Quant à la rente annuelle, les arrérages en seront incessibles et insaisissables. Ils seront de plus indivisibles entre les héritiers et représentants du prémourant, et ils seront payables au survivant de trois mois en trois mois à , au lieu qu'indiquera le survivant, sans que ce dernier ait à fournir de certificat de vie tant qu'il signera personnellement les quittances d'arrérages.

Cette rente sera délivrée nette de tous frais, même de droits de mutation, et elle sera garantie au survivant par une inscription en son nom pour l'usufruit, soit en une rente sur l'État français 3 pour 100, soit en obligations des grandes lignes de chemins de fer français, soit en hypothèque sur un immeuble de valeur suffisante.

En tout temps, les héritiers ou représentants du prémourant pourront convertir la garantie de rente sur l'État et d'obligations de chemins de fer français en une garantie hypothécaire, et, réciproquement, l'hypothèque en rente et obligations; comme aussi ils pourront, en toute circonstance, demander une translation de ladite hypothèque d'un immeuble sur un autre immeuble.

220 Donation d'une rente viagère en concordance avec une constitution de dot de rente viagère.

Le futur époux fait donation irrévocable à la future, qui accepte, d'une rente annuelle et viagère de , incessible et insaisissable, dont la future est dès à présent saisie, mais qui ne courra à son profit que si elle survit au futur, et qui sera servie à partir du jour du décès du futur jusqu'au jour du décès de la future, époque à laquelle cette rente sera éteinte.

Cette rente sera fournie en la rente de constituée en dot sur la tête du futur, de la future, et des enfants à naître du mariage par les père et mère du futur, à moins que la rente constituée en dot ne se trouve éteinte en tout ou en partie par l'effet de la dévolution au futur de la succession de l'un ou de l'autre des donateurs, événement qui aurait pour résultat de faire prélever, sur la succession du futur époux, somme suffisante pour fournir et garantir à la future l'intégralité ou la partie de la rente dont elle ne serait pas remplie par l'attribution de la rente constituée en dot.

La rente non payée à la future par les père et mère du futur devra être garantie par (*Voir ce qui est dit en la formule n° 212*).

---

221 Donation d'une rente viagère à la future épouse.

Le futur époux fait donation à la future épouse, qui accepte, d'une rente annuelle et viagère de (*on peut dire :* incessible et insaisissable) dont la future sera saisie par le seul fait de la célébration du mariage pour en jouir pendant sa vie, à compter du jour du décès du futur époux, et dont les arrérages, indivisibles entre les débiteurs, lui seront payés de trois mois en trois mois.

Voir, pour les conditions accessoires, la formule de donation mutuelle d'une rente viagère et la formule plus succincte qui va suivre.

Laquelle rente sera garantie, lors du décès du futur époux, par une inscription sur l'État 3 pour 100 immatriculée au nom de la future pour l'usufruit, ou par une inscription sur un immeuble à , présentant en premier rang une valeur double du capital au denier vingt de ladite rente, suivant le prix d'acquisition, avec obligation pour la donataire de consentir toute restriction d'hypothèque et toute translation d'hypothèque d'un immeuble sur un autre immeuble, ou toute conversion d'inscription sur l'État en inscription sur immeuble, et *vice versâ*, dans les termes de garantie susindiqués, à la première demande du débiteur de ladite rente.

Dans le cas où la garantie ne serait pas fournie en rente sur l'État, le payement des arrérages aurait lieu à Paris, au domicile qu'indiquerait la future épouse.

Cette donation ne se confondra pas avec la donation mutuelle stipulée ci-après, s'il n'existe pas d'enfants du mariage ; mais s'il existe des enfants, la future épouse devra opter entre ces deux donations.

Il est expressément convenu que, durant la communauté, la future épouse n'aura aucune hypothèque à exercer sur les biens présents et à venir de son mari pour sûreté de ladite rente de ; mais que cette hypothèque produira tous ses effets, à partir du jour de la dissolution de la communauté jusqu'au jour où elle sera remplacée par les garanties particulières qui viennent d'être prévues (1).

---

232 Donation à la future de deux rentes viagères, l'une invariable, l'autre variable suivant l'importance de la communauté.

Le futur époux fait donation à la future épouse, qui accepte, de deux rentes annuelles et viagères ci-après fixées, incessibles et insaisissables, dont elle sera saisie par le seul fait du mariage, et dont les arrérages indivisibles entre les héritiers et représentants du futur époux seront payés à la future épouse de trois en trois mois pendant sa vie, à partir du décès du futur époux, au domicile à , qu'elle indiquera, sans qu'elle soit tenue de produire un certificat de vie, tant qu'elle touchera personnellement :

1ment D'une rente annuelle et viagère invariable de 3,000 fr.

2ment Et de telle rente annuelle et viagère qui sera nécessaire pour compléter à la future épouse une autre rente de 5,000 fr., avec l'intérêt calculé à forfait sur le pied de 5 pour 100 des sommes et valeurs qui adviendront à la future pour la remplir de sa moitié dans les bé-

---

(1) *Les donations mutuelles qui terminent ordinairement les contrats sont des donations de biens à venir qui ne confèrent au donataire aucun droit actuel. — Au contraire, par l'effet de la donation dont il s'agit, la future épouse se trouve saisie d'une créance contre son mari dont le payement est seulement soumis à l'événement d'une condition, et elle peut exercer tous ses droits pour la conservation de cette créance pendant l'existence même de son mari et contre les créanciers de celui-ci, soit par son hypothèque légale, soit en prenant part à toute contribution de sommes mobilières, sauf ce qui est dit au Code de commerce.*

néfices nets de la communauté stipulée par le présent contrat, de sorte que si cette moitié s'élevait à 50,000 fr., la rente complémentaire à fournir à la future épouse serait de 2,500 fr., et que si cette moitié s'élevait à 100,000 fr., il n'y aurait lieu à aucune rente complémentaire.

Dans le cas où, contre toute attente, la future épouse n'appréhenderait rien dans la communauté par suite de sa renonciation à cette communauté, elle aurait droit à la totalité desdits 5,000 fr. de rente viagère, ce qui porterait à 8,000 fr. la rente à servir à la future épouse, en vertu du présent article.

La future épouse sera tenue de limiter son hypothèque légale, etc.

223
Donation de la toute propriété de manuscrits à publier et de droits d'auteur.

Le futur époux fait donation à la future épouse pour le cas où elle lui survivrait, ce qu'elle accepte :

1[ment]. De la toute propriété de la part dudit futur prédécédé dans les produits des œuvres littéraires du futur époux publiées, en cours de publication ou en manuscrits, ce qui comprendra le profit à régler avec tous éditeurs ou libraires, et le profit à retirer soit de nouvelles éditions, soit de la publication de manuscrits, le tout à partir du jour du décès du futur époux jusqu'au jour où, contre toute attente, la future convolerait à de secondes noces, et conséquemment, au plus tard, jusqu'au jour du décès de la future. — Étant expliqué et convenu : 1° que le futur se réserve d'indiquer par testament la personne qui sera chargée de choisir ceux des manuscrits à publier, de corriger ces manuscrits, ainsi que toutes nouvelles éditions d'ouvrages publiés, d'en reviser les épreuves, et que rien ne pourra être fait par la future épouse ou ses représentants sur les points ainsi définis sans le concours et l'autorisation de cette personne; 2° et que la présente donation ne pourra avoir pour résultat de modifier ni restreindre les droits acquis à la veuve d'après la loi existante ou les lois à intervenir, et encore en vertu de la communauté stipulée par le présent contrat.

2[ment]. Et de l'usufruit de la moitié de tous les autres biens, etc...

224 Donation d'une somme fixe en toute propriété.

Le futur époux fait donation à la future épouse, pour le cas où elle lui survivrait, ce qu'elle accepte :

D'une somme de , à prendre sur les plus clairs deniers de la succession du donateur, pour, la future épouse, en cas de survie, jouir et disposer de ladite somme comme de chose lui appartenant en toute propriété à partir du jour du décès du futur époux. Cette somme sera exigible un an après le décès du donateur, et elle produira de plein droit, à partir du jour de ce décès, des intérêts à pour 100 par an, payables en même temps que le principal.

La future épouse sera tenue de diviser et limiter son hypothèque sur tous immeubles de la succession du futur époux suivant la valeur relative de chacun d'eux, ou sur un seul de ces immeubles présentant, en premier rang, une valeur libre double du capital au denier vingt de ladite rente, le tout au choix des débiteurs de la rente.

---

225 Donation de même [illegible] combinée avec un apport en nue propriété et avec une [illegible] de droit de [illegible]

Les futurs époux font donation au survivant d'eux, ce qui est accepté respectivement, de l'usufruit pendant la vie du survivant, à partir du jour du décès du prémourant, d'une somme de , à prendre dans les apports et dot du prémourant ou dans les biens et valeurs qui en seront la représentation.

La donation faite par le futur à la future s'exercera d'abord sur l'apport en mariage du futur époux, et subsidiairement seulement sur la dot constituée au futur époux.

Dans le cas où, au jour du décès du futur époux, M , usufruitier de la somme de , comprise dans l'apport du futur époux, existerait encore, cette donation n'en porterait pas moins de préférence sur cette partie d'apport avant de s'étendre sur ladite dot, sauf à la future épouse, pour avoir l'usufruit complet d'une somme de , à prendre momentanément, sur la dot, somme suffisante jusqu'au décès de M.

---

226 Donation en cas de séparation contractuelle d'objets mobiliers de nature déterminée.

Le futur époux fait donation à la future épouse en toute propriété, pour le cas où elle lui survivrait, de tels objets mobiliers qui seront nécessaires pour remplacer ceux qui manqueraient, pour quelque cause que ce soit, dans ceux compris en l'état annexé à l'apport en mariage de la future, lesquels objets, s'il y a lieu, seront choisis par la future dans ceux de même nature qui existeraient dans la succession du futur époux. Les héritiers et représentants du futur époux n'auront à fournir, ni en nature ni en argent, aucun des objets manquants qui n'auraient pas leurs pareils dans la succession.

---

227 Autre, dans le même cas, de tout le mobilier susceptible d'être prisé.

Le futur époux fait donation à la future épouse, qui accepte, pour le cas où elle lui survivrait, de la toute propriété du mobilier qui, d'après l'article du présent contrat, sera réputé la propriété du futur époux. Ne sont pas compris dans cette donation les deniers comptants, titres, valeurs de Bourse et autres, non soumis à prisée dans un inventaire.

---

228 Révocation de donation en cas de convol.

Il est convenu que le survivant des futurs époux cessera de jouir de la présente donation du jour où il convolerait à de secondes noces (1), *ayant un ou plusieurs enfants du présent mariage.*

---

229 Autre subordonnée à l'âge ou à la situation du second conjoint.

Dans le cas où M. , ayant des enfants du futur mariage, convolerait à de secondes noces avec une personne moins âgée que lui ou ayant des enfants, la présente donation cessera par ce seul fait et de plein droit, l'intention formelle de la donatrice, dans l'intérêt des enfants qu'elle laissera, étant que son mari ne puisse se remarier qu'avec une personne demoiselle ou veuve sans enfants, et en tout cas d'un âge au moins égal à celui dudit sieur son mari, et la donatrice voulant que, dans le cas où cette condition essentielle pour elle et ses enfants ne serait pas exécutée dans un second mariage,

---

(1) *Cette restriction en termes absolus peut être contestée. — Plusieurs arrêts l'ont déclarée impossible, comme entravant la liberté du mariage et comme contraire à la morale. — Mais on peut considérer les secondes noces comme l'expiration d'un délai au lieu d'une condition, et dire :* A PARTIR DU JOUR DU DÉCÈS DE M. X… JUSQU'AU JOUR DU DÉCÈS *de la future épouse, ou avant cet événement jusqu'au jour où elle convolerait à de secondes noces.*

l'usufruit présentement donné cesse immédiatement de plein droit et accroisse ainsi à la nue propriété de ses enfants.

En considération du mariage, le futur époux fait donation irrévocable et sans condition de survie à la future épouse, qui accepte et qui en est saisie dès à présent : 230 Donation sans condition de survie.

D'une rente sur l'État français 3 pour 100 de la somme de , inscrite au nom du futur époux sous le n° de la série.

Pour la future épouse avoir droit aux arrérages de ladite rente dès le , et en disposer comme bon lui semblera en toute propriété.

A l'effet de quoi ladite rente sera immatriculée au nom de la future épouse, purement et simplement, après la célébration du mariage, sur la production au Trésor d'un certificat de propriété qui sera délivré par le notaire soussigné.

CINQUIÈME PARTIE

CONTRE-LETTRE A LA SUITE D'UN CONTRAT DE MARIAGE

Et le

Par-devant 231 Cadre d'une contre-lettre

ONT COMPARU :

M.

M.

Tous comparants au contrat de mariage qui va être énoncé,

Lesquels ont dit que depuis la signature du contrat reçu par Mᵉ le , dont la minute précède, contenant les conditions civiles du mariage projeté entre M. et Mˡˡᵉ , M. et Mᵐᵉ ont désiré augmenter de la manière ci-après exprimée la dot par eux constituée à Mˡˡᵉ leur fille.

Pourquoi ils requièrent les notaires soussignés de leur donner une nouvelle lecture dudit contrat, et de constater l'augmentation de dot dont il s'agit, ainsi qu'il suit :

(*Voir les formules de constitution de dot.*)

Il n'est apporté aucun changement aux autres dispositions dudit contrat, qui devront recevoir leur entier effet.

Mention des présentes sera faite en marge de la minute dudit contrat de mariage, et il ne pourra être délivré aucune expédition de ce contrat sans qu'à la suite se trouve une expédition des présentes.

DONT ACTE

232 Exemple. Transformation en un immeuble d'une partie de la fortune mobilière du futur, et stipulation d'ameublissement.

Fait et passé à

Les jour, mois et an susdits.

Et après lecture des présentes, ainsi que du contrat précité, les parties ont signé avec les notaires.

Lesquels, voulant ajouter au contrat qui a réglé les conditions civiles du mariage de M. et Mlle , reçu par M^e^ , notaire à , le , dont la minute précède, ont dit et fait ce qui suit :

Depuis la signature de ce contrat le futur a acquis, suivant acte passé devant M^e^ , notaire à , le , un terrain sis à , moyennant le prix principal de , sur lequel ont été payés comptant aux termes de cet acte même, qui en contient quittance.

Cette acquisition sera aux risques et profits de la communauté stipulée dans ledit contrat. Le terrain acquis tombera dans la communauté, et il n'y aura lieu à aucun compte ni à aucune modification de reprises, soit à cause du fait de l'acquisition, soit à cause du payement d'une partie du prix et accessoires ; le tout n'a apporté et n'apportera dans l'importance de la fortune personnelle du futur époux aucun changement effectif.

Mention des présentes sera faite en marge de la minute dudit contrat de mariage, et il ne pourra être délivré aucune expédition de ce contrat sans qu'à la suite se trouve une expédition des présentes.

SIXIÈME PARTIE

MODÈLE DU CERTIFICAT A REMETTRE AUX FUTURS ÉPOUX POUR ÊTRE TRANSMIS A L'OFFICIER DE L'ÉTAT CIVIL AVANT LA CÉLÉBRATION DU MARIAGE (1)

Ce jourd'hui (*date en toutes lettres*).

Le contrat de mariage de :

M. (*nom, prénoms, qualités et demeure du futur*).

Et Mlle (*nom, prénoms, qualités et demeure de la future*).

A été passé devant moi , notaire à , soussigné, qui en ai la minute;

Et je leur ai délivré, conformément à la loi, le présent certificat, pour être remis, ainsi qu'ils en sont avertis, à l'officier de l'état civil, avant la célébration de leur mariage.

---

(1) A Paris, ce certificat est imprimé, et sur le verso du feuillet sont reproduits les articles du Code, dont le notaire doit donner lecture aux parties, après la lecture des articles du contrat de mariage.

MODÈLE DE L'ACTE A RÉDIGER POUR CONSTATER LA SIGNATURE DU CHEF DE L'ÉTAT

Sous forme de procès-verbal.

Et le

Par-devant Me   et Me   , son collègue, notaires à   , soussignés,

A COMPARU :

M. (*prénoms, nom, qualités et demeure du futur époux*),

Lequel a dit que   a bien voulu donner son agrément au mariage que le comparant a contracté (*ou se propose de contracter*) le   avec Mlle (*prénoms, noms, qualités et demeure de la future épouse et de ses père et mère*).

Duquel mariage les conditions civiles ont été réglées par contrat passé devant ledit Me   et son collègue, le   , dont la minute précède.

Et que   veut bien apposer sa signature audit contrat.

En conséquence, il a requis Me   , l'un des notaires soussignés, de se transporter immédiatement au palais de   , à l'effet de présenter ledit contrat de mariage à   et de recevoir sa signature en suite des présentes.

A l'instant, Me   et Me   , accompagnés de M. (*nom du futur*), se sont rendus au palais de

Où les présentes ont été signées par

Fait et passé pour   , au palais de

Et pour M.   en l'étude

Les jour, mois et an susdits.

Et M.   a également signé avec les notaires après lecture faite.

Et le

Autre plus simple.

. . . .
. . . .

Sur l'avis qui a été transmis aux notaires soussignés que daignait donner son agrément au mariage de M. avec Mlle , les notaires soussignés, à la réquisition des parties contractantes, dénommées audit contrat de mariage, dont la minute précède, se sont transportés avec M. (*futur époux*) au palais de , et admis à l'audience de , ils ont eu l'honneur de recevoir sa signature.

Dont acte fait et passé à , au palais de

Et a, , signé les présentes qui ont été également signées par M. (*futur époux*) avec les notaires, après lecture faite.

FIN

PARIS

1873 — IMPRIMERIE TYPOGRAPHIQUE DE A. POUGIN. — 4650

13, QUAI VOLTAIRE, 13

www.ingramcontent.com/pod-product-compliance
Ingram Content Group UK Ltd.
Pitfield, Milton Keynes, MK11 3LW, UK
UKHW012218240726
13966UKWH00003B/830

9 782011 930095